LE Golf
ÉQUIPEMENT
ALICK A. WATT
Flammarion

Titre de l'ouvrage original : *Golf Tips & Care*
Publié par Harlaxton Publishing, Lincolnshire
Direction artistique : Rachel Rush, Harlaxton Publishing
Photographe : Chris Allen, Forum Advertising
Illustrateur : Jane Pickering, Linden Artists

Traduit de l'anglais par Sylvie Chaussée-Hostein

I.S.B.N. : 2-08-200580-1
N° d'édition : 1263
Dépôt légal : 1er trimestre 1997
Adaptation et mise en page PAO : Georges Brevière
Photogravure : G.A. Graphics
Imprimé par Imago à Singapour

Sommaire

SAYERS

Préface

Alick A. Watt est né en 1920 au clubhouse de Wortley, dans le Yorkshire. Son père était d'une famille de cinq frères, tous habiles fabricants de clubs et golfeurs professionnels, dont deux devinrent ensuite champions d'Écosse.

Il fut élevé à Dirleton et North Berwick avant d'entrer comme apprenti chez son oncle James Watt, qui était lui-même professionnel de golf et fabricant de clubs à North Berwick. James Watt ayant été initié par le grand Willie Park à Musselburg et North Berwick, c'est donc chez son oncle qu'Alick apprit à façonner des clubs et à enseigner ce jeu.

Il s'engagea dans la R.A.F. lorsqu'éclata la Seconde Guerre mondiale et servit principalement à Aden et en Afrique proche-orientale. À la fin des hostilités, le jeune homme retourna seconder son oncle à North Berwick avant d'être engagé comme assistant de Philip Wynne à Chingford, dans l'Essex. Il rejoignit ensuite son cousin à Stoneham, près de Southampton. Quelques années plus tard, il fut embauché comme professionnel au Romsey G.C. Hants, où il détint le record du parcours (62) pendant vingt et un ans.

C'est au sein même de sa famille qu'Alick Watt découvrit son intérêt pour les clubs de golf anciens et l'histoire du jeu, principalement auprès de James Watt, autorité reconnue qui s'était distingué dans ce domaine à la radio écossaise en 1931. C'est lui qui lança également la même année les premières leçons de golf radiophoniques.

Fervent collectionneur, Alick Watt se consacra parallèlement à des travaux de recherche sur tous les aspects du jeu d'antan. Il collabora ainsi pendant deux ans à *Golf Monthly*, avant de rédiger *Collecting Old Golfing Clubs*, pour le compte de l'American Golf Collectors Society.

Il est aujourd'hui collaborateur spécialisé à *L'Encyclopédie du Golf* ainsi que rédacteur au *Debrett's International Collection*. Il a également beaucoup écrit et donné de nombreuses conférences sur l'histoire du jeu.

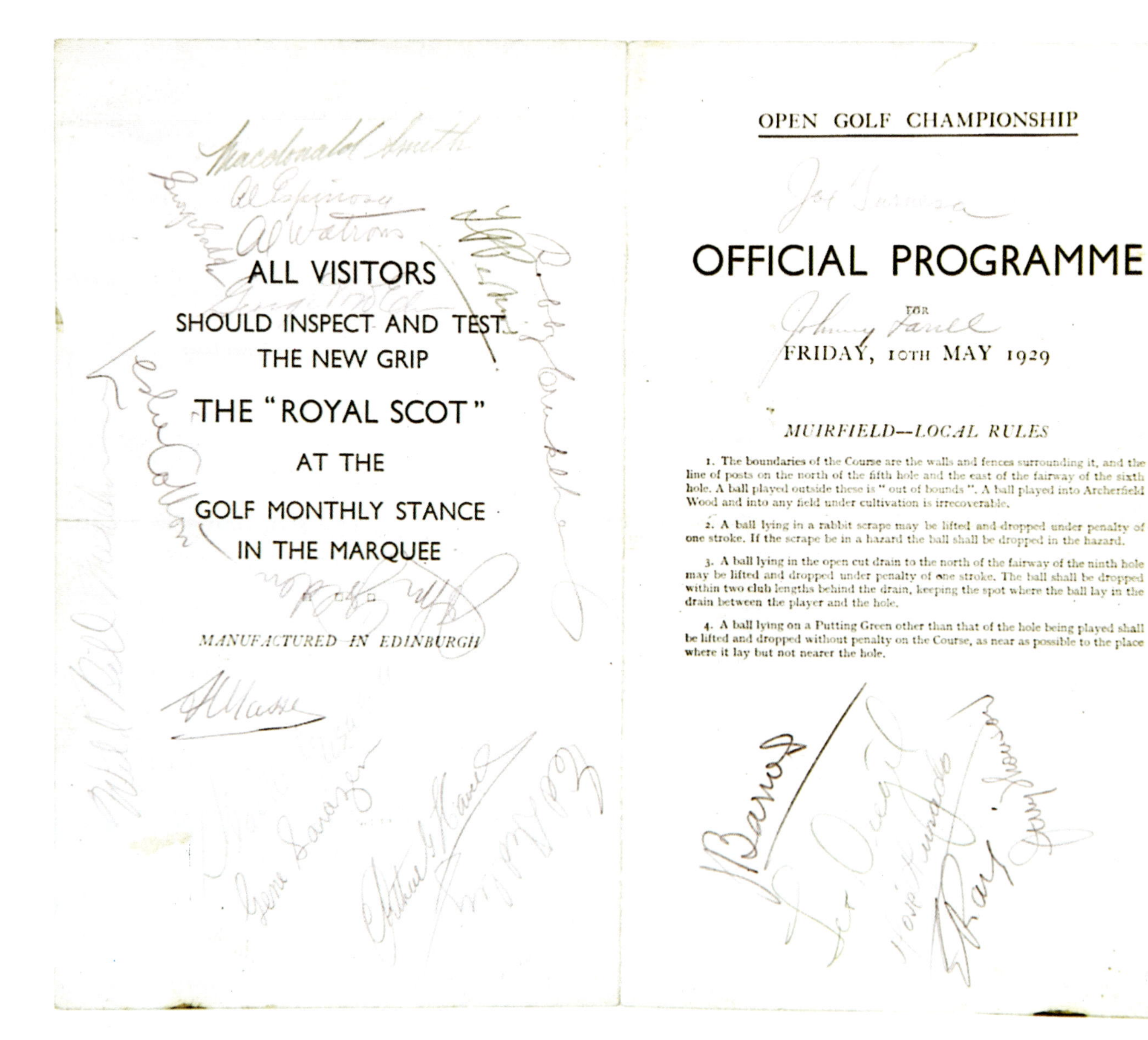

ALL VISITORS
SHOULD INSPECT AND TEST
THE NEW GRIP
THE "ROYAL SCOT"
AT THE
GOLF MONTHLY STANCE
IN THE MARQUEE

MANUFACTURED IN EDINBURGH

OPEN GOLF CHAMPIONSHIP

OFFICIAL PROGRAMME

FOR

FRIDAY, 10TH MAY 1929

MUIRFIELD—LOCAL RULES

1. The boundaries of the Course are the walls and fences surrounding it, and the line of posts on the north of the fifth hole and the east of the fairway of the sixth hole. A ball played outside these is " out of bounds ". A ball played into Archerfield Wood and into any field under cultivation is irrecoverable.

2. A ball lying in a rabbit scrape may be lifted and dropped under penalty of one stroke. If the scrape be in a hazard the ball shall be dropped in the hazard.

3. A ball lying in the open cut drain to the north of the fairway of the ninth hole may be lifted and dropped under penalty of one stroke. The ball shall be dropped within two club lengths behind the drain, keeping the spot where the ball lay in the drain between the player and the hole.

4. A ball lying on a Putting Green other than that of the hole being played shall be lifted and dropped without penalty on the Course, as near as possible to the place where it lay but not nearer the hole.

Le programme officiel de l'Open Championship de Muirfield, en Écosse, en 1929, remporté par l'Américain Walter Hagen. De célèbres autographes couvrent les deux pages.

INTRODUCTION

AUCUN sport n'a probablement jamais suscité autant d'intérêt que le golf, aucun ne s'est exporté aussi loin et n'a connu une telle renommée internationale.

Depuis son origine, le golf a subi des changements considérables. Certains vont même jusqu'à affirmer qu'il a évolué dans une trop large mesure, et que si l'on veut que le golf actuel ressemble encore un tant soit peu à celui qui fut inventé il y a des siècles sur la côte est de l'Écosse, il est grand temps d'être attentif à préserver ses valeurs.

Cependant, tout développement entraîne des changements et l'apparition de nouvelles techniques. En effet, l'équipement, et notamment les matières premières utilisées dans la fabrication des clubs et des balles, a considérablement évolué depuis le début de ce siècle.

Le changement le plus important est sans doute intervenu en 1929, date à la laquelle nous situons la naissance du golf moderne. Cette année-là, le Royal & Ancient Golf Club de Saint Andrews (R & A) cède à la demande des joueurs et légalise les manches en acier.

Lors d'une déclaration historique, le club décréta : «*Le règlement du comité du golf a décidé, avec l'approbation du comité régissant les règles du golf, que les manches en acier sont conformes aux règles concernant la forme et la fabrication des clubs de golf.*» Cette décision marqua un tournant décisif dans l'évolution des clubs de golf ainsi que dans l'organisation même du jeu.

Aujourd'hui, le Royal & Ancient Golf Club arbitre les litiges concernant la réglementation et détermine également la conformité du matériel dans tous les pays du monde, excepté les États-Unis. Le club travaille par ailleurs en étroite collaboration avec la United States Golf Association (USGA) pour assurer l'homogénéité

des règles de jeu souvent complexes et leur juste interprétation.

Cependant, l'entente cordiale n'a pas toujours régné. Ainsi, quatre ans avant la légalisation des manches en acier par le Royal & Ancient Golf Club, l'USGA avait approuvé leur utilisation, tant pour les compétitions que pour les matchs amicaux.

Douze ans auparavant, un professionnel du Langley Park Golf Club à Beckenham, en Angleterre, s'était autoproclamé «inventeur et premier fabricant de clubs de golf à manches en acier». Ces derniers étaient donc disponibles dans le commerce dès 1913, mais ils ne furent légalisés dans le monde entier qu'en 1929, année de la grande dépression.

À cette époque, le golf connut aux États-Unis un essor sans précédent, et les joueurs américains devinrent les meilleurs du monde. Cette même année, à Moortown, près de Leeds, en Angleterre, une équipe de golfeurs professionnels représentant la Grande-Bretagne fut cependant en mesure de s'imposer face à ses adversaires américains, par sept matchs à cinq, lors de la deuxième Ryder Cup de l'histoire. Les Britanniques devaient l'emporter une nouvelle fois en 1933, puis il fallut attendre presque un quart de siècle avant de les voir remporter la victoire face aux Américains en Ryder Cup.

Paradoxalement, alors qu'en 1929 les États-Unis connaissaient une récession sans précédent, ses golfeurs exerçaient une domination mondiale sur le jeu.

La balle de golf «Canada Cup», une compétition internationale par équipe, fondée en 1953 aux États-Unis, et ouverte aux pays du monde entier. Chaque nation était représentée par deux joueurs. En 1966, cette épreuve devint la World Cup (coupe du monde).

Lors du British Open, qui se tenait cette année-là à Muirfield, en Écosse, les joueurs américains ne se contentèrent pas d'emporter les trois premières places, mais huit de leurs représentants furent également sélectionnés dans les dix premiers du classement final. Ils avaient ainsi sans conteste retrouvé leur qualité de jeu perdue lors de la Ryder Cup à Leeds.

À cette époque, en Angleterre, le golf était encore accessible à tous. Le droit de jouer sur le fameux parcours du Old Course de Saint Andrews ne s'élevait qu'à deux shillings et six pence (l'équivalent de 1,50 francs actuel), et au Wentworth Golf Club, alors très à la mode, situé près de Londres, cinq shillings (2,50 francs actuels) suffisaient pour y passer la journée entière.

Les temps ont bien changé et, à peine soixante ans plus tard, le prix avait déjà été multiplié par trente dans les deux cas.

Si aujourd'hui nous possédons un choix de matériel nettement plus important qu'au début de la grande crise, il est en revanche beaucoup plus onéreux. Les golfeurs doivent faire face à de lourdes dépenses pour acquérir une série complète de clubs ou tout autre équipement, en plus du prix des green fees et des cotisations annuelles dans les clubs de golf qui ont augmenté de façon spectaculaire au cours de la dernière décennie.

David Cannon:All Sport-Still Moving Picture Co.

Trou n°5 du Muirfield Village Golf Club.

Néanmoins, les adeptes du golf sont de plus en plus nombreux. Ce livre expose les éléments essentiels que doit connaître tout nouveau golfeur, et indique également la marche à suivre pour réduire au maximum les coûts initiaux, en aidant le lecteur à choisir un équipement de base bien adapté, qu'il aura tout loisir, par la suite, de compléter.

Les joueurs plus confirmés trouveront également nombre d'astuces. Toutes les règles et le comportement à suivre sur un parcours seront exposés en détail, ainsi que les principaux conseils pour apprendre à jouer et mettre en pratique cet enseignement.

Nous verrons ensuite comment devenir membre d'un club de golf, et la meilleure attitude à adopter pour s'y intégrer.

Enfin, tout un chapitre est consacré au langage du golf, complété d'un glossaire définissant les termes techniques anciens ou nouveaux, et plus largement tout ce qui a trait au jeu dans le monde entier.

Le premier de ces deux volumes retrace l'histoire du golf, à l'origine un simple passe-temps devenu, en l'espace de cinq siècles, une véritable industrie internationale.

Nos ancêtres auraient-ils pu imaginer que le golf puisse un jour connaître un tel développement ?

Ces dernières années, des voix se sont élevées contre l'influence grandissante du sponsoring dans le golf, notamment contre les

Still Moving Picture Co.

supports financiers de grandes firmes lors des compétitions professionnelles. Certains pensent que l'augmentation croissante des dotations des matchs pourrait nuire au jeu, et en dénaturer l'esprit premier, qui était, faut-il le rappeler, celui d'un loisir.

Le temps est peut-être venu pour quelques-unes des principales entreprises qui soutiennent le golf professionnel de s'intéresser aux amateurs et de leur apporter leur appui.

L'acquisition de terrains libres pourrait permettre de construire des parcours de neuf ou dix-huit trous très simples, réservés notamment aux joueurs qui n'ont pas toujours les moyens de pratiquer leur sport favori. De tels parcours, mis en œuvre par de jeunes golfeurs, témoigneraient du réel intérêt que ces firmes vouent au golf, tout en contribuant à pallier le manque d'installations dont souffre ce sport à l'heure actuelle.

Ces parcours très simples seraient ainsi parfaitement adaptés aux débutants, proposant des tarifs tout à fait accessibles.

Des expériences de ce type ont déjà été tentées. En Écosse, de nombreux villageois ont construit et entretenu certains de ces golfs avant la Seconde Guerre mondiale. L'auteur, ainsi que d'autres membres de sa famille, étaient responsables de l'entretien du trou n° 2, et du neuf trous du Fidra Golf Club, situé entre les fameux links de North Berwick et de Muirfield.

Malheureusement, ce parcours redevint la propriété des agriculteurs pendant la guerre, mais les registres du club et les cartes de score ont été conservés comme les reliques d'une époque désormais révolue.

Pouvons-nous à notre tour envisager l'avenir de ce sport ? Les nouveaux matériaux nous permettront-ils de driver la balle très loin, avec une totale précision ? Les caddies deviendront-ils une image du passé et seront-ils remplacés par des robots, comme c'est le cas sur les derniers parcours japonais ? Les golfs seront-ils un jour tous semblables, tels ces courts de tennis ou ces terrains de football en gazon synthétique ?

Espérons cependant que ces prévisions ne se réaliseront jamais. Le golf est un sport unique, qui possède une histoire et des traditions qui lui sont propres. Quiconque aime ce sport se doit d'en perpétuer la mémoire.

CI-DESSUS : *Le British Open à Saint Andrews.*

À DROITE : *Le golf au Japon.*

Rondeau/All Sport Still Moving Picture Co.

Étiquette et comportement

Le sport a toujours fait partie intégrante du mode de vie des Britanniques, notamment le golf qui, depuis les années vingt, a connu une très grande popularité et s'est peu à peu commercialisé.

Bien que ses origines remontent à plusieurs siècles, il a fallu un certain temps avant que le support de sponsors et l'accueil chaleureux du public ne le propulsent au rang qu'il occupe aujourd'hui.

Il est impératif que toute personne qui désire jouer sur un parcours connaisse l'étiquette et les règles qui régissent ce sport, avant même d'avoir effectué son premier swing. En apprenant très tôt le comportement à suivre, le golfeur évitera ainsi l'un des handicaps auxquels il se serait immanquablement heurté.

Avant que le débutant n'acquière la moindre notion de l'attitude qu'il convient d'adopter sur un parcours, il risque non seulement de gêner les joueurs compétents, mais également de freiner sa propre progression.

Pour savoir se déplacer sur un parcours, tout débutant doit commencer par apprendre les règles de base et les lois de l'étiquette, relativement simples par ailleurs. Il s'agit en effet plus de règles morales qu'il convient de respecter. D'ailleurs, en cas de non-observation, aucune pénalité n'est appliquée. En observant les joueurs confirmés, il lui sera facile d'assimiler les notions les plus élémentaires.

Pour le débutant, l'étiquette commence avant même qu'il n'entre sur le parcours. On peut notamment apprendre beaucoup de choses en assistant à des compétitions. Choisissez de préférence une épreuve qui se déroule en stroke-play plutôt qu'en knock-out : le jeu dure plus longtemps et chaque putt doit être rentré. Passez quelque temps autour du putting-green et observez avec quelle aisance

CI-CONTRE : *Position idéale des caddies : à trois ou quatre heures par rapport au joueur.*

les joueurs se servent de leurs clubs. Au practice, n'étudiez pas seulement l'attitude des golfeurs mais également celle de leurs caddies, qui se maintiennent à bonne distance du joueur afin de ne gêner en aucune façon ni la ligne de visée, ni le vol de la balle.

Sur les parcours, des responsables sont à votre entière disposition pour vous donner toutes les informations que vous désirez. D'autre part, les terrains sont soigneusement balisés afin que les spectateurs ne pénètrent pas par inadvertance dans les propriétés privées limitrophes.

Avant d'accéder au parcours, le débutant doit connaître un certain nombre de règles ainsi que le comportement à adopter vis-à-vis des autres golfeurs. Il est utile d'observer les joueurs expérimentés, en se plaçant toujours de côté, ou, mieux encore, d'accompagner des amis qui pratiquent le golf.

Faut-il rappeler que les joueurs se doivent un respect mutuel ? Nul ne peut bouger, parler, ni se tenir à côté ou directement derrière le joueur qui s'apprête à frapper sa balle. La pratique du golf requiert une importante concentration et il est d'usage de respecter le plus grand silence sur les parcours.

Les règles de base

Pour ceux qui souhaitent apprendre à jouer au golf, l'acquisition du livre *Les Règles du Golf* s'impose.

En France, ce fascicule, édité en collaboration avec le Royal & Ancient Golf Club, est remis gratuitement à tout nouveau golfeur et tout nouveau membre d'un club de golf. Chaque année, environ deux cent cinquante mille exemplaires sont publiés. En Grande-Bretagne, des compagnies d'assurances soutiennent financièrement la publication de ce livre et ont permis de distribuer, en 1992, près de trois millions d'exemplaires de la dernière édition dans plus de soixante-dix pays. Environ 1,6 million d'exemplaires ont été distribués gratuitement en Grande-Bretagne et en Irlande.

Certains fascicules ont été envoyés jusqu'en République populaire de Chine, au Pérou ou au Botswana, sans compter les deux mille huit cents clubs de golf que comptent la Grande-Bretagne et l'Irlande.

Tous les joueurs sont censés apprendre les règles fondamentales du golf, mais ces lois qui régissent le jeu sont si souvent complétées ou modifiées qu'il est impératif à tout débutant de les connaître très précisément. Les règles suivantes figurent parmi les plus importantes :

Édition anglaise des Règles du Golf.

Cours de golf sur disques en vinyle dans les années trente.

Ne jamais faire de swing d'entraînement sur les aires de départ.

Un joueur seul n'a aucune priorité sur le parcours, c'est-à-dire que les parties de deux, trois ou quatre balles ont le droit de passer si elles rattrapent un joueur seul.

En dehors de l'entraînement, un joueur ne doit pas posséder plus de quatorze clubs dans son sac.

Aucun golfeur ne doit jouer tant que la partie précédente n'est pas hors de portée.

Le joueur qui a remporté le trou, et qui a donc l'honneur, a le droit de driver avant son adversaire ou ses partenaires.

Quand un trou est terminé, les joueurs doivent se diriger rapidement vers le départ suivant.

Chacun doit replacer ses divots et relever ses pitches sur le green, ainsi que réparer les marques de clous.

Quand il quitte un bunker, le joueur doit soigneusement le ratisser, et sortir par le côté le plus étroit ou revenir sur ses pas.

Les joueurs à la recherche d'une balle doivent permettre à la partie suivante de passer, afin de ne pas retarder le jeu.

Si la balle part en direction d'un joueur qui se trouve devant, crier à haute voix pour le prévenir.

Éviter d'endommager le green lorsque l'on tient le drapeau ou que l'on s'appuie sur son putter.

Suivre les panneaux indicateurs quand on utilise des chariots pour aller du tee au green, et ne pas les faire rouler sur le green et l'avant-green.

Être membre d'un club

À DROITE : *Practice de golf à Ingliston.*

CI-DESSOUS : *Jeu de cartes.*

APRÈS avoir pris connaissance de ces quelques règles élémentaires, et si vous persévérez dans votre volonté de pratiquer le golf, il convient d'adopter un comportement adéquat. Concentration, patience et autodiscipline sont les qualités qui caractérisent tout golfeur digne de ce nom. Il ne vous reste plus alors, et ce n'est pas le moindre problème, qu'à déterminer le parcours sur lequel vous allez vous entraîner.

Plusieurs options s'offrent à vous : vous pouvez devenir membre à plein temps d'un club proche de votre domicile ou d'un parcours qui vous plaît, ou être membre le week-end d'un club plus éloigné, dans lequel vous souhaitez retrouver vos amis. Votre choix dépendra toutefois du nombre de places encore disponibles.

Pour devenir membre d'un club, adressez-vous au secrétaire, afin de savoir s'il existe une liste d'attente plus ou moins importante. Si elle s'avère trop longue, adressez-vous à un autre club de golf dans lequel vous avez une chance de pouvoir entrer tout de suite. Il vous sera alors certainement fort utile d'être parrainé.

Si vous n'avez jamais joué et que vous êtes nouveau dans la région, sachez qu'entrer dans un club vous sera sûrement très difficile. Nous vous suggérons alors d'écrire au secrétaire du club pour prendre rendez-vous, afin d'appuyer votre demande. Expliquez clairement les motivations qui vous incitent à intégrer ce club plutôt qu'un autre : assurez-le qu'il recevra tout votre soutien, que vous prendrez des leçons sur place et qu'enfin vous lui achèterez votre équipement. Insistez sur le fait que vous êtes conscient d'être débutant mais que vous saurez appliquer les règles. Concluez en affirmant que «vous préféreriez jouer quand le parcours est moins encombré, et quand il y a suffisamment de place au practice pour vous entraîner».

Si vous n'avez que très peu de chances d'entrer dans le club de votre choix, renseignez-vous auprès du secrétaire sur les autres parcours, et osez solliciter la permission de vous recommander de lui lorsque vous irez visiter les clubs qu'il vous aura indiqués. Si vous ne parvenez pas à vous inscrire, ne vous découragez pas. Allez sur les terrains d'entraînement ou les golfs publics où vous recevrez d'excellents conseils.

Le débutant

Ce sac de golf moderne très simple, contenant les clubs de base, est idéal pour les débutants.

Une fois entré dans un club, et après avoir assimilé les règles de base et l'étiquette du golf, adressez-vous au professionnel du club. Présentez-vous comme nouveau membre débutant et sollicitez ses conseils pour le choix d'une demi-série de clubs avec l'équilibrage, la longueur et le lie qui vous conviennent. Profitez de cet entretien pour acquérir la paire de chaussures la mieux adaptée à votre jeu. Enfin, planifiez avec lui une série de leçons. Les parcours de golf étant de plus en plus encombrés, est-il nécessaire de rappeler que la ponctualité est de rigueur ?

Ne vous découragez pas si vous éprouvez des difficultés à bien taper vos balles lors de la première leçon. Cela tient sans doute à la technique particulière d'enseignement du professionnel qui souhaite dans un premier temps s'assurer que vous utilisez un grip correct et que vous avez assimilé les bases fondamentales du swing. Il convient donc de suivre ses conseils et de s'en remettre à son expérience.

Tout en gardant toujours à l'esprit le respect de l'étiquette et du comportement à observer, le moment est venu de vous informer sur l'entraînement spécifique à la pratique du golf, surtout si vous débutez vraiment. Le golf est reconnu comme un sport complet, mais il est cependant indispensable d'être en excellente condition physique pour pouvoir commencer l'apprentissage.

Certes, les fabricants de matériel testent avec une grande attention les têtes de clubs, les manches et les grips, afin d'en déterminer la solidité, le poids, la texture et l'équilibre; mais nul mieux que vous n'est à même d'apprécier votre condition physique. Aussi est-il préférable d'informer régulièrement votre professeur sur votre état de santé.

Cependant, le golf n'est pas un sport aussi physique que le squash ou le tennis, qui requièrent une dépense d'énergie importante. Mais un joueur effectuant un parcours de dix-huit trous marche près de six kilomètres – voir un peu plus s'il ne reste pas sur le fairway – et exécute environ deux cents swings, en tenant compte de son passage au practice, pour un score supérieur à 90.

Lors de votre apprentissage, votre professeur vous indiquera les coups à travailler et le nombre de trous que vous pourrez jouer, tout en vous rappelant également l'importance de swinguer en souplesse, en contrôlant tous vos muscles.

Sac de golf des années trente avec capuchon et poche pour les balles. Il peut contenir dix clubs et convient parfaitement aux débutants.

Le comportement incorrect

Un plein finish très personnel ! Le joueur porte une veste cintrée et des chaussures cloutées.

L'ÉTIQUETTE se définit par un comportement reconnu comme correct et courtois. Dans le domaine du golf, elle s'apparente tellement aux règles du jeu qu'elle fait office de loi non-écrite, codifiant très précisément les usages de ce sport.

Le golf est ouvert à tous les milieux et permet aux joueurs de s'affronter en partie amicale ou en compétition. Si le comportement sur le terrain n'est pas inné, il s'apprend à force de leçons et d'observations. Est-il besoin de rappeler que le code d'honneur des golfeurs ne souffre aucune enfreinte ?

Toutefois, un joueur peut tenter de contourner les règles du jeu sans les transgresser ouvertement. Il s'agit dans ce cas d'un manquement à l'esprit fondamental du golf ou d'une absence d'esprit sportif.

Lors d'une rivalité importante opposant deux joueurs, il arrive que l'un d'entre eux adopte ce type de comportement, et c'est en général le débutant ou le golfeur souffrant d'un lourd handicap qui en supporte les conséquences.

Dès qu'un débutant a acquis une certaine compétence et qu'il fait partie d'un club, il est alors en mesure de participer à des compétitions. Puis, à moins toutefois que son professeur en décide autrement, il peut prendre part à des épreuves qui, même s'il réalise un mauvais score, lui permettront d'approfondir ses connaissances et lui donneront confiance. Durant ces tournois, il risque de rencontrer des joueurs au comportement pour le moins inconvenant.

Dans tout parcours, le tee n° 1 est reconnu comme le plus effrayant des dix-huit trous à jouer. Les erreurs sont beaucoup plus fréquentes sur ce petit rectangle d'herbe en raison de la peur, de l'appréhension ou de l'anxiété que ressent inévitablement tout golfeur novice souhaitant réussir son premier coup.

Comme partout ailleurs, le golf attire des joueurs dont l'attitude ne respecte pas les règles élémentaires du sport, et qui, de façon générale, contreviennent à l'esprit du golf. Sur le tee de départ, méfiez-vous de ces partenaires qui vous serrent trop chaleureusement la main et qui vous félicitent de la force de votre grip. Leur volonté est de vous déstabiliser, de vous troubler, et ce afin d'affecter la qualité de votre jeu. Ne tenez donc aucun compte des remarques de ce type d'adversaires, car elles n'ont d'autre but que celui de vous décontenancer.

Une autre manière assez déloyale de déstabiliser son adversaire, notamment lors de compétitions en stroke-play, consiste à compter à haute voix les coups adverses, méthode qui s'applique généralement sur les six ou huit premiers trous. Par exemple, votre troisième coup vient d'atterrir dans un bunker très profond, sur un long par 5, et la balle repose sur un mauvais lie. Vous n'arrivez pas à la sortir lors de la première tentative et vous entendez

CI-DESSUS : *«Monthly Medal» en argent, sur laquelle les vainqueurs faisaient souvent graver leur nom.*

CI-DESSOUS : *Une médaille d'or très prisée.*

votre adversaire crier «quatre», puis «cinq», alors que votre balle s'enfonce à nouveau dans le sable. Il est ainsi persuadé que votre nervosité va contribuer à vous faire attaquer la balle trop fort sur le trou suivant, où vous allez encore perdre des points.

À aucun moment, dans ces deux situations, votre adversaire n'a enfreint les règles du jeu, mais il a en revanche bafoué l'étiquette en vous empêchant de vous concentrer, diminuant par là même vos chances de gagner. Il est donc vivement conseillé d'éviter ce type de joueur. Heureusement, vous rencontrerez nombre de partenaires agréables, qui vous aideront à progresser.

Il est parfaitement compréhensible qu'après cinq siècles d'histoire, le golf connaisse de tels détournements d'esprit. Mais cette façon de contourner les règles est souvent l'apanage de certains joueurs aveuglés par leur unique désir de gagner.

Lorsque leur balle se trouve dans un rough, certains golfeurs se mettent une demi-douzaine de fois à l'adresse, aplatissant de cette manière l'herbe derrière la balle, avant de ranger leur club très ouvert dans leur sac et d'en reprendre un plus long, à l'aide duquel ils renouvelleront l'opération. Il suffit alors de leur faire remarquer qu'ils risquent fort d'abîmer leur club en l'appuyant si fort sur le sol !

Certaines situations sont propices pour qui veut tricher, notamment lorsqu'une balle est logée dans un rough très épais. Sous prétexte de vouloir identifier sa balle, le joueur indélicat la relèvera mais ne la replacera peut-être pas à l'endroit exact où il l'a trouvée. Sa satisfaction sera d'autant plus grande si vous applaudissez le merveilleux coup qu'il réalisera par la suite.

La situation suivante est en revanche plus amusante : le joueur A est en train de chercher sa balle dans le rough. Avant que les cinq minutes qui lui sont imparties pour la retrouver ne soient écoulées, il informe le joueur B, qui l'aide dans ses recherches, qu'il a récupéré sa balle et s'entend rétorquer : «Ce n'est pas votre balle. La vôtre est dans ma poche !» Il est cependant difficile d'évaluer lequel de ces deux joueurs a commis la faute la plus grave.

L'étiquette, si elle s'applique dans le jeu et sur le parcours, implique également un comportement loyal au club-house.

Ces balles de golf, vendues un shilling et six pence en 1935, étaient toutes numérotées.

Les règlements du club-house

LES clubs de golf étant de plus en plus fréquentés, il s'avère souvent difficile de trouver une place pour garer sa voiture. Dans la plupart d'entre eux, le capitaine des jeux, la responsable des équipes féminines et le personnel administratif ont des places réservées près de l'entrée principale, un privilège qui leur est accordé pendant la durée de leur mandat. Un panneau portant leur nom signale que cet espace leur est attribué. Il ne sera ainsi toléré aucune exception à la règle.

Les vestiaires ont souvent des accès directs sur le terrain permettant aux joueurs de se changer avant de se rendre au club-house où les chaussures à clous sont interdites.

Les règles qui régissent l'organisation d'un club-house sont très précises, et, dès l'instant où le membre en a pris connaissance, il est tenu de les respecter.

Les visiteurs occasionnels, quant à eux, devront être plus vigilants, les règlements de leur propre club pouvant être différents; il leur est donc conseillé de se renseigner au moment de réserver leur partie ou de payer leur green fee.

Les restaurants de nombreux club-houses imposent des tenues vestimentaires spécifiques, quelle que soit la saison. Pour les hommes, par exemple, il est d'usage de porter une cravate, mais ces conditions peuvent varier d'un club à l'autre.

Tout visiteur s'étant acquitté de son green fee devient membre d'un jour. Il est tenu de se comporter selon l'étiquette et de garder son self-control en toutes occasions. La courtoisie est bien entendu de règle avec tous, membres du personnel et greenkeeper, sous peine d'être définitivement exclu du club, ou même d'autres clubs dans lesquels un comportement incorrect aura été signalé.

CI-DESSUS : *Le club-house du Tanamerah Country Club à Singapour.*

DOUBLE PAGE SUIVANTE : *Green du trou n°18, Saint Andrews Royal & Ancient Golf Club, Écosse.*

David Cannon/Allsport

Jouer correctement

L'ÉTIQUETTE peut prendre une part prépondérante dans le déroulement du jeu. Nombre d'erreurs sont parfois commises par les joueurs (toucher le sable avec son club dans un bunker, par exemple) sans que le partenaire puisse déterminer si cet acte était ou non volontaire. Un partenaire ou un adversaire, s'il veut respecter les règles, doit signaler au golfeur qu'il l'a vu toucher le sable avec son club, ayant peut-être ainsi amélioré son lie. Discussions et explications s'ensuivront, d'où il ressortira peut-être que le «coupable» l'était beaucoup moins qu'on ne le pensait !

On peut parfois expliquer aux débutants que l'étiquette commence sur le green et que tous les putts de moins de 60 cm peuvent être donnés. Il convient de ne pas en tenir compte car, sauf lors de partie amicale, tous les putts doivent être rentrés.

Il est indispensable à tout débutant ou joueur occasionnel de se procurer un abrégé des règles du golf. Il est quasiment impossible de les apprendre par cœur tant elles sont nombreuses et variées selon le type de compétition, mais il est essentiel d'en connaître les bases.

Tous les putts doivent être rentrés.

La compétition

En tant que débutant, vous serez tôt ou tard confronté aux différents types de match mentionnés ci-dessous :

«Les simples» : une partie au cours de laquelle un joueur affronte un autre joueur.

«Threesome» : un match au cours duquel un joueur affronte deux autres joueurs, chaque camp ne jouant qu'une balle.

«Foursome» : deux contre deux, chaque équipe ne jouant qu'une balle.

«Trois balles» : trois golfeurs jouant les uns contre les autres, en jouant chacun sa balle.

«Meilleure balle» : une partie au cours de laquelle on joue contre la meilleure balle des deux ou trois autres joueurs.

«Quatre balles» : deux partenaires jouant leur meilleure balle contre celle de leurs deux adversaires.

«Match-play» : à suggérer à tous les débutants, puisque seul le gain du trou compte, quel que soit le nombre de coups joués.

«Stroke-play» : une partie durant laquelle tous les coups – même ceux qui sont manqués – comptent, avec l'obligation de finir tous les trous de la compétition.

Bien d'autres formules de jeu comme la bisque, l'eclectic, le greensome, le round robin et le stableford se déroulent tout au long de l'année dans les clubs, chacun de ces matchs permettant d'acquérir une grande expérience du jeu.

Assortiment de tees des années trente à nos jours.

Sur le tee, voici les règles du jeu et de l'étiquette que vous devez garder en mémoire :

La balle doit être posée sur le tee entre les marques de départ et en aucun cas devant elles. Le joueur peut se tenir en dehors des marques, mais pas la balle (voir l'illustration ci-contre).

Il est conseillé aux débutants d'utiliser un tee pour leurs coups de départ. Évitez, si possible, de vous tenir juste derrière un golfeur qui s'apprête à jouer, notamment sur l'aire de départ.

Il est prudent de s'enquérir de la marque ou du numéro de balle de votre partenaire. Cela évitera toute discussion si vos deux balles terminent leur course dans le rough ou dans un obstacle. Sur le fairway, le joueur le plus éloigné du trou joue le premier.

N'oubliez pas de replacer vos divots en les plantant fermement dans le sol. Vous devez faire attention en déplaçant les obstacles qui seraient sur ou autour de votre balle (pierres, feuilles, branchages, etc.). Si vous déplacez, même très légèrement, votre balle lors de cette opération, vous recevrez un point de pénalité.

Ne demandez conseil qu'à votre caddie pendant les compétitions.

Sur le green, évitez de marcher sur votre ligne de putt ou sur celle de vos partenaires.

Ne perdez pas de temps sur les greens. Un joueur doit être capable de voir et de déterminer la bonne ligne de putt dans un délai de trente secondes.

CI-DESSUS : *La balle doit être placée au milieu et non devant les deux marques de départ.*

CI-CONTRE : *Carte de score pour femmes et/ou hommes.*

Ne vous entraînez pas au putting alors que votre partenaire s'apprête à jouer, et ne restez pas dans sa ligne quand il putte. Il est d'usage de toujours féliciter ses partenaires pour leurs bons putts.

Enfin, souvenez-vous que vous devez vérifier et signer votre carte de score avec attention après un tour joué en medal-play.

Serrez la main de votre adversaire à la fin de la partie, quel que soit le résultat.

Équipement et accessoires

Depuis leur origine jusqu'à nos jours, les clubs et accessoires de golf ont connu un développement considérable, et il est important de leur consacrer un chapitre afin d'étudier cette évolution.

Nous avons vu précédemment que les premiers manches en acier furent assemblés et utilisés dès 1913. Mais la guerre de 1914 entraîna une grave pénurie jusque vers 1922, et les seuls modèles disponibles à l'époque étaient montés sur des têtes de clubs en bois. Finalement, ces manches en acier ne furent légalisés qu'en 1929.

Dans les années trente, le golf connut un véritable essor. Le persimmon s'implanta sur le marché en tant que bois d'œuvre idéal pour les drivers et les bois de fairway, alors que la plupart des têtes en fer étaient forgées mécaniquement à partir d'un acier inoxydable. Si la grande majorité des grips était en cuir de

Une paire de traditionnelles chaussures de golf «Brogue» des années trente.

L'un des premiers gants pour la main droite, en peau de porc. Ce modèle est reconnu pour éviter l'apparition des ampoules.

veau tanné, d'autres cuirs avaient été testés, mais ils étaient réservés à une plus large clientèle. Deux ou trois sociétés se lancèrent dans une concurrence acharnée pour dominer le marché des manches en acier, alors que les sacs de golf revêtirent une multitude de formes et de tailles différentes, pouvant ainsi contenir jusqu'à vingt clubs. Cependant, le 1er janvier 1938, le Royal & Ancient Club stipula qu'«une série [de clubs] ne devait pas excéder quatorze clubs dans le sac».

Durant les années trente, plus de quatorze fabricants produisirent des centaines de milliers de balles destinées à la vente, ainsi que d'autres modèles pour le compte de grandes marques.

Les chaussures de golf, tant masculines que féminines, devinrent un marché considérable pour le commerce d'articles de sport, qu'elles soient en cuir, en toile ou en caoutchouc. Leur poids, selon que l'on pratiquait ce sport l'été ou l'hiver, fut minutieusement étudié, de même que la question du port de couvre-chaussures, en raison de la morphologie de certains golfeurs.

Les crampons en caoutchouc rivalisaient, quant à eux, avec les clous amovibles de différentes tailles, incitant chaque fabricant à vanter les mérites de sa propre production auprès des golfeurs. Le marché d'articles de golf, financièrement important, s'ouvrit alors à la publicité commerciale.

Au tout début des années trente, les gants étaient surtout utilisés par les femmes pour éviter toute blessure aux mains et aux doigts, plutôt que pour assurer une meilleure prise du grip. Nombre de fabricants considérèrent alors ce nouvel article comme une évolution incontournable de leurs activités. Cette diversification de leur production allait d'ailleurs se révéler très lucrative.

Le gant unique, avec patte de fermeture au poignet, ne protégeait que la partie inférieure de quatre doigts. À l'origine en cuir de chèvre, ce fut le premier accessoire utilisé par les hommes pour éviter les ampoules, et cela même avant 1900, en substitution au traditionnel ruban adhésif.

Une meilleure conception, ainsi que l'apparition de nouveaux cuirs sur le marché, permirent ainsi à un certain nombre de gants renforcés au niveau de la paume, principalement les modèles pour la main gauche, d'intégrer l'équipement du golfeur vers le milieu des années trente.

Pour différentes raisons, les joueurs portaient rarement des gants, pourtant à leur disposition, et se blessaient fréquemment les mains. Si nombre d'accessoires furent inventés pour faciliter la pratique du golf (tant pour l'amateur que pour le professionnel), le club et la balle, sans lesquels aucun jeu ne serait possible, méritent toutefois une attention particulière.

Les manches

Les premiers manches en acier lisse, de forme tubulaire ou fuselée, étaient de couleur noire, estampillés par une bague semblable à celle des cigares, qui en certifiait l'origine et le fabricant. Par la suite, on produisit des manches en acier de forme également fuselée, mais avec des graduations de plus en plus rapprochées au fur et à mesure qu'on s'éloignait de la tête du club pour aller vers le grip, afin de les rendre plus solides. Tous les fabricants de manches proposaient leurs produits dans cinq ou six couleurs différentes, dont un modèle en acier chromé. Certains manches de teinte marron et veinés façon bois tromperaient, même aujourd'hui, la plupart des golfeurs qui tenteraient d'en analyser la composition.

Au début des années cinquante, d'autres types de manches en acier furent testés, notamment des modèles cannelés ou à rainures, coniques (étroits à la tête et au grip, et renflés au milieu), très souples, et parfois même ovales.

De véritables progrès sont apparus dans la fabrication des manches aussitôt qu'il a été possible de travailler minutieusement l'acier et les divers matériaux entrant dans leur composition. Les manches en aluminium léger, incapables de résister à des impacts trop puissants, furent remplacés par de nouveaux matériaux et alliages. Les manches en fibres, conjuguant légèreté et résistance, firent l'unanimité pendant près de dix ans, avant que n'apparaisse le graphite, dans les années soixante-dix. Aujourd'hui, une grande variété de manches en alliage et en métal, montés sur les têtes des bois et des fers, offrent un large choix aux golfeurs, même si les modèles en acier ont toujours la faveur de la plupart des joueurs.

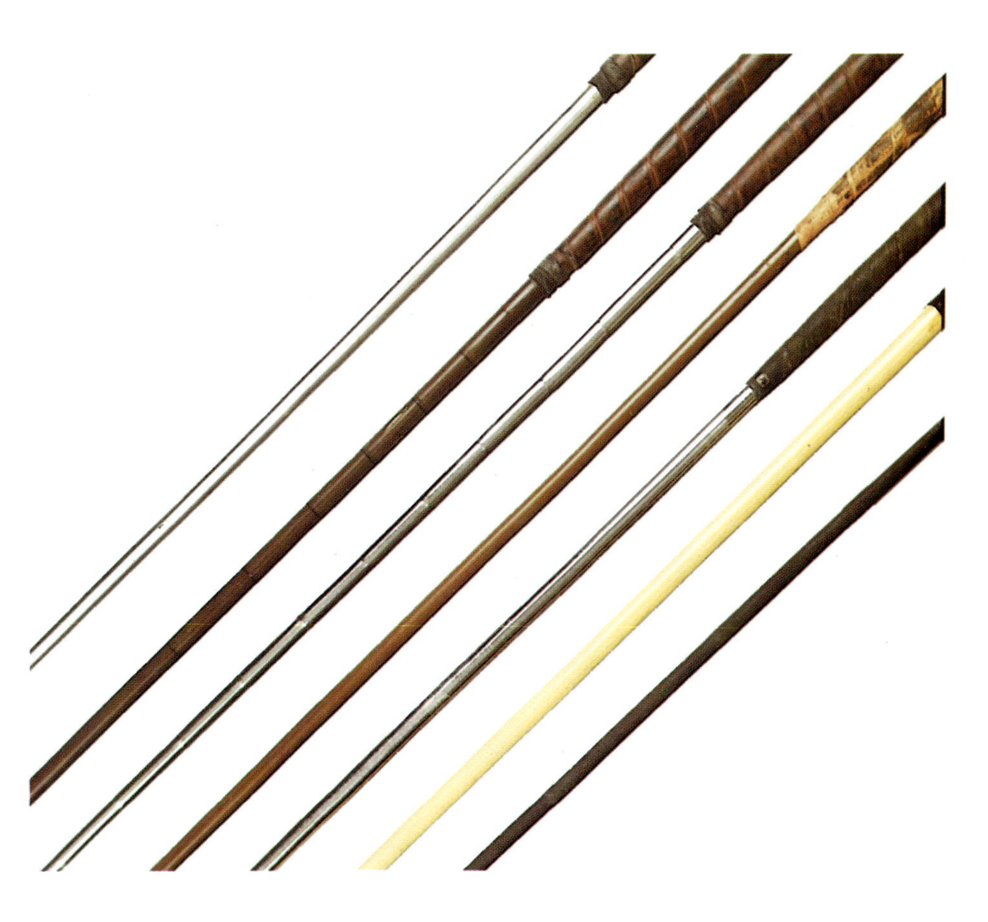

Ci-dessous : *Assortiment de manches en métal tubulaire datant de 1913 : noir, crème, chromé (cannelé), recouvert de cellulose marron (veiné), chromé (avec graduations), marron foncé (avec graduations) et chromé de forme conique.*

Double page suivante : *Assortiment de bois modernes.*

Les bois

Ci-dessous : *Tête de bois en lamellé-collé.*
Au centre : *Club après réparation.*
En bas : *Tête en persimmon avec insert au milieu de la face.*

Au cours des soixante dernières années, la ligne des manches et des têtes de clubs, et plus particulièrement celle des têtes de drivers et des bois de parcours, a très peu changé, témoignage du savoir-faire de nos aïeuls qui fabriquaient la plupart d'entre eux à la main.

Les principales modifications ont trait à l'assemblage du manche à la tête du club, ainsi qu'à leur dénomination ; ces changements concernent ceux que l'on appelait autrefois driver, brassie, spoon et baffy, aujourd'hui plus connus sous le nom de bois n° 1, n° 2, n° 3 ou n° 4.

À la fin des années quarante, la fabrication des clubs de golf devint un commerce florissant, et nombre de grandes sociétés, britanniques ou américaines, se lancèrent dans la production en série. Cette orientation s'avéra fructueuse, bien que le succès des clubs tînt plus à leur esthétique qu'à la technologie de leur fabrication.

Après la guerre, les bois avec inserts connurent un large succès, bien que le procédé ne fût pas nouveau. L'assemblage de ces pièces de cuir, d'ivoire ou de Bakélite, teintes pour se différencier du reste de la tête du club, était en vigueur dès 1900.

Les têtes en bois lamellé-collé firent également leur apparition sur le marché. Elles arrivèrent précisément au moment où il devint difficile de se procurer du persimmon. De plus, l'assemblage de lamelles de bois collées et maintenues par des vis rendait l'ensemble relativement solide.

Les clubs à tête en bois étaient uniquement utilisés pour accroître la distance de frappe. Le driver (n° 1), avec sa face très droite, permet théoriquement d'envoyer la balle le plus loin possible du tee. Le brassie (n° 2) et le spoon (n° 3), avec une face de club dont le loft augmente alors que le manche raccourcit, sont destinés à lever la balle du fairway pour l'amener vers le green. Ils peuvent être utilisés occasionnellement sur de petits trous un peu «longs» ou dans le vent. Le baffy (n° 4) a de multiples fonctions et sert à sortir la balle du rough ou du semi-rough, ainsi que des divots. Ces clubs dont la face est très ouverte font peu rouler la balle, et sont donc particulièrement utiles pour la monter très haut afin de passer certains obstacles.

Une série de quatre bois bien équilibrés, dont le poids en tête correspond au type de manche et de grip utilisés, adaptée au joueur qui l'emploie, sera un atout précieux pour l'accompagner dans ses débuts.

Les années cinquante ont été marquées par l'apparition des bois n° 5 et n° 7. Leurs faces larges et ouvertes (plus larges que les fers 5 et 7) les rendent plus faciles à jouer dans des conditions parfois difficiles. L'arrivée sur le marché de têtes de driver avec offset n'a pas transformé l'élaboration des bois traditionnels, d'autant moins qu'elles sont métalliques.

CI-CONTRE : *Deux clubs à tête en métal, l'un muni d'un manche en noyer d'Amérique datant des années 1890, l'autre, contemporain, avec un manche en acier. Il est intéressant de noter la différence de taille entre les deux têtes.*

CI-DESSOUS : *Un driver métal moderne avec manche en graphite.*

Nombre de ces prétendus «bois» sont en alliage ou en acier inoxydable, et il est assez surprenant que l'on n'ait pas encore trouvé un nom plus approprié pour les qualifier. Les particularités les plus étonnantes de ces bois en «métal», tout du moins du point de vue des fabricants, résident dans la forme et la longueur du col à l'intérieur duquel est inséré le manche. La plupart des têtes sont montées avec un manche fixé en partie dans le col, et certaines sont équipées d'un manche qui traverse le col de haut en bas. Plusieurs fixations tête/manche se terminent par un embout de longueur variable (long, moyen ou court), alors que d'autres têtes ont un embout très petit, parfois même aucun.

Les nouvelles technologies ont considérablement amélioré la fabrication du matériel de golf, tout en créant un nouveau langage technique pour le décrire. Alors que les golfeurs se plaisent généralement à lire la presse traitant de leur sport favori, la plupart sont souvent désorientés par le vocabulaire spécialisé utilisé dans les publicités décrivant les clubs. Équilibre, point d'impact et swing weight sont des notions maintenant bien assimilées, mais des expressions telles que «poids périphérique pardonnant les erreurs» ou «répartition tridimensionnelle du poids réduisant la dispersion des coups» restent relativement obscures. Ces revues conseillent parfois au golfeur d'acquérir des clubs «facilitant le jeu» et très «réguliers», et l'on comprend qu'il soit dérouté par ce vocabulaire.

Quoi qu'il en soit, il est vivement recommandé aux golfeurs de choisir un driver ayant une ouverture de face comprise entre 8,5° et 10,5° et un lie vertical, standard ou plat, selon la taille du joueur.

BOIS ET FERS

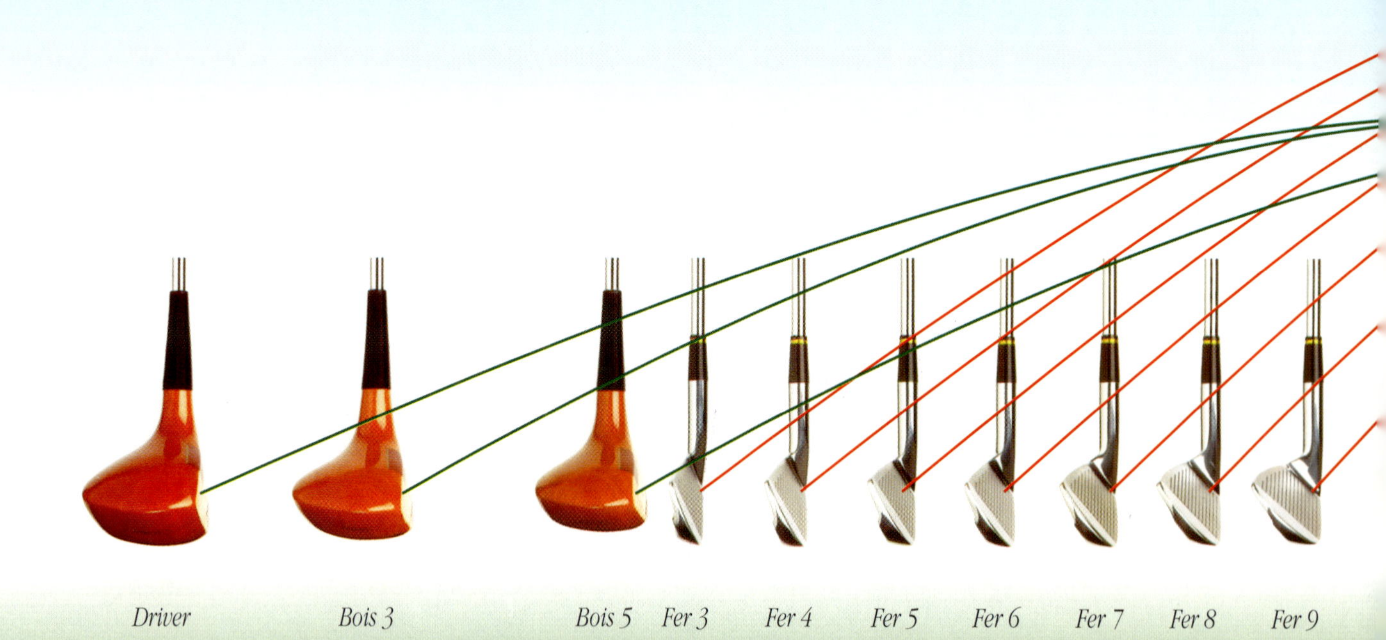

Driver
240
219
Bois 3
220
201
Bois 5
190
174
Fer 3
190
174
Fer 4
180
165
Fer 5
170
155
Fer 6
160
146
Fer 7
150
137
Fer 8
140
128
Fer 9
130
119

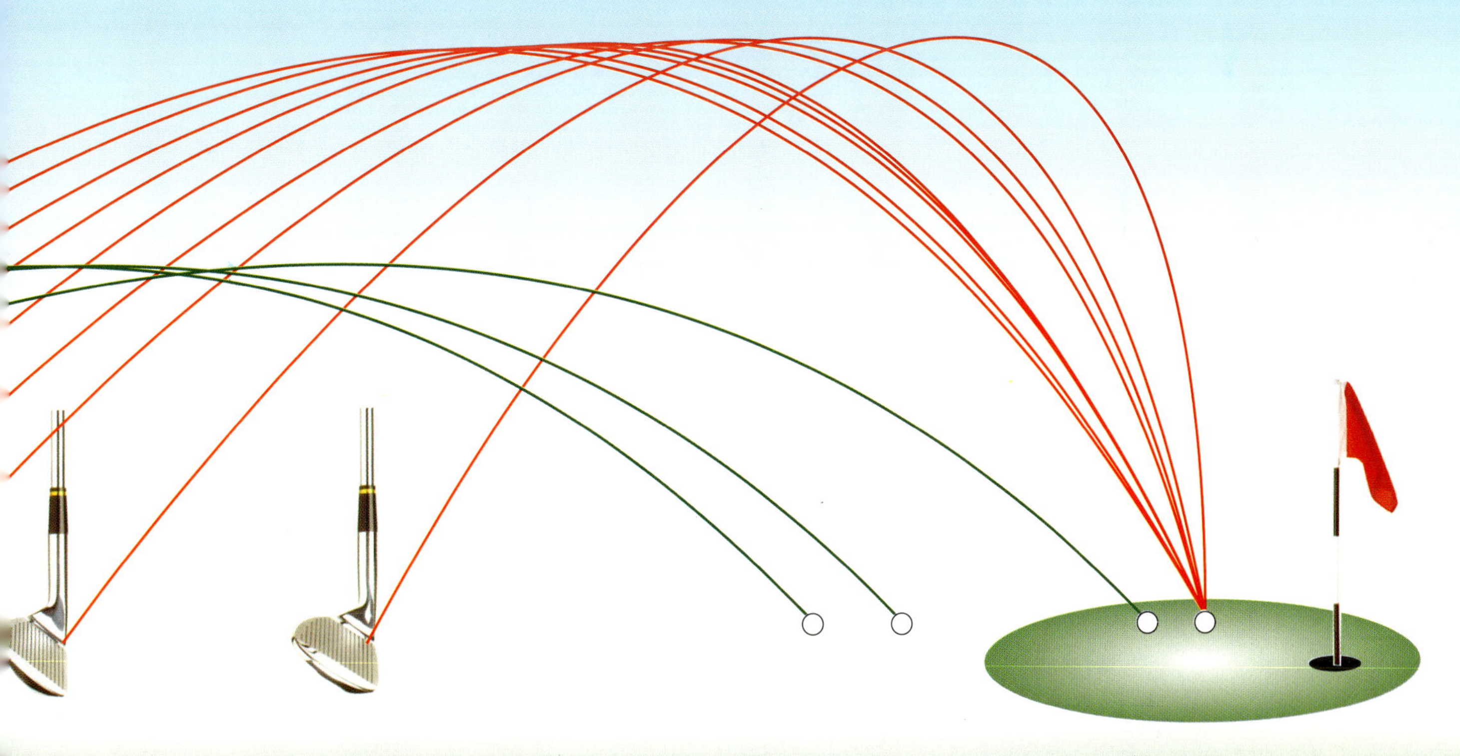

Pitching wedge	Sand wedge	Trou n°X
110	80	YARDS
101	73	MÈTRES

Les fers

Un manche en graphite.

Les fers numérotés de 1 à 9 (quelquefois de 2 à 9) sont généralement utilisés sur le fairway. La série peut cependant être complétée par le sand wedge, le pitching wedge et le putter. Chaque club, à mesure que raccourcit son manche, voit son ouverture de face (ou loft) augmenter. Les têtes sont forgées dans un alliage d'acier et de carbone, de graphite ou de béryllium cooper, ou moulées dans de l'acier inoxydable doux, standard ou dur. Quelques séries de fers ont été fabriquées avec les pales des hélices du paquebot «Queen Elizabeth 2».

Il existe tant de modèles de fers différents qu'il nous est ici difficile de les énumérer, mais chaque golfeur trouvera celui qui lui convient, en fonction de ses caractéristiques physiques et du type de jeu qu'il souhaite pratiquer. Il est essentiel de s'entraîner avec une nouvelle série de fers, non sur un practice mais sur le terrain, où chaque coup pourra être convenablement étalonné.

Si aujourd'hui les fers sont numérotés de 2 à 9, le loft des clubs n'a pratiquement pas varié depuis les séries des années trente auxquelles s'ajoutaient les «blaster», les «howitzer» ou les «dynamiter» pour les sorties de bunkers ou les obstacles difficiles à passer. Ces clubs spéciaux furent par la suite remodelés pour donner naissance au sand wedge et au pitching wedge actuels.

Les joueurs familiers de ces clubs particuliers connaissent bien les wedges, mais il faut

toutefois savoir que le pitching wedge a une ouverture de face de 50°, parfois un peu plus, et une semelle à rebord afin de pouvoir «mordre» l'herbe. Il est également plus léger que le sand wedge, dont l'ouverture de face est comprise entre 54° et 58° selon les fabricants. Le rebord de la semelle du sand wedge est beaucoup plus incliné vers l'arrière et permet au club de glisser plutôt que de «mordre». Les joueurs confirmés utiliseront indifféremment l'un ou l'autre de ces deux clubs selon l'endroit, la nature du terrain sur lequel repose la balle, l'obstacle à franchir ou encore la position du drapeau.

Il est toujours profitable, pour la plupart des joueurs, d'observer attentivement avec quelle habileté les champions réalisent leurs coups de wedge. Quelle que soit la situation, ces clubs permettent de surmonter nombre de difficultés. Le moment est maintenant venu de se servir du putter.

La qualité de votre putt est déterminante tant pour le plaisir du jeu que pour améliorer vos performances. Il est donc nécessaire de bien savoir utiliser ce club afin d'acquérir maîtrise et confiance en soi.

DE GAUCHE À DROITE : *Du fer 3 au fer 9, pitching wedge et sand wedge. Une série complète comprend également le fer 2, qui est, en règle générale, réservé aux professionnels.*

Les putters

Putter à face verticale.

PARMI tous les types de clubs disponibles sur le marché, les putters sont sans aucun doute les plus commercialisés. En fait, ils ont un statut particulier étant donné qu'ils n'entrent pas dans les séries.

Utilisés sur le green, ces clubs étaient à l'origine fabriqués avec des têtes en matériaux très divers : bois, fer, bronze, laiton, bronze à canon, Bakélite, aluminium ou acier. Ils présentaient parfois une, deux ou trois faces, en forme de maillet. Les manches étaient fixés au centre, avec offset ou dans le talon du club.

Appelé à l'origine «putting cleek», le putter traditionnel avait une face très légèrement ouverte, qui permettait de décoller la balle quand le joueur effectuait un putt long. Par la suite, il a évolué jusqu'au putter à face verticale des années trente, toujours d'actualité. Cette époque a véritablement marqué l'âge d'or du golf, rassemblant un grand nombre d'amateurs, toutes générations confondues. Cet enthousiasme a favorisé l'émergence d'un marché fort lucratif, qui proposait à bas prix des putters pouvant convenir aux surfaces les plus diverses : herbe et tapis, ou parcours à obstacles artificiels. Nombre de parcours furent ainsi créés, confirmant l'engouement des jeunes golfeurs qui purent pratiquer leur loisir favori au sein de complexes sportifs.

Si la demande pour des putters à manche en bois existait bel et bien, les putters entièrement en acier (tête et manche) étaient fabriqués par près de seize sociétés spécialisées dans les têtes forgées. La moitié d'entre elles étaient situées dans le comté de Fife, sur la côte est de l'Écosse, et produisaient une telle variété de putters que chacun était assuré d'y trouver un modèle qui lui conviendrait.

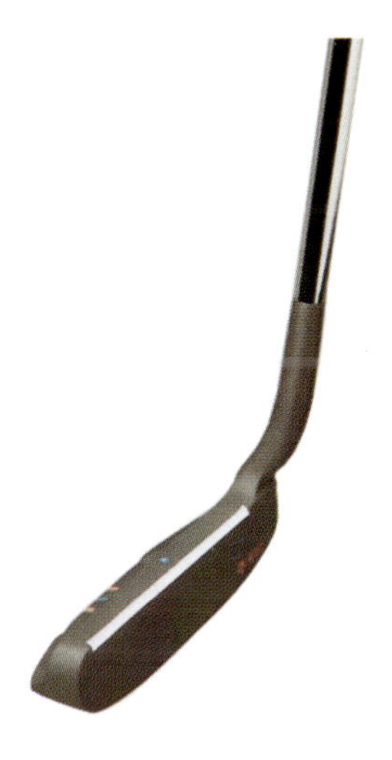

De nos jours, les clubs les plus vendus ont le manche fixé au centre de la face ou vers le talon, ou encore le col en forme de D ; tous sont montés sur des manches et des grips que l'on a bien en main. Il est conseillé, avant de choisir un putter, d'emprunter plusieurs spécimens afin de les tester sur le putting green. Ainsi seulement le joueur trouvera-t-il le putter idéal, parfaitement adapté à son niveau.

Le choix d'un putter est déterminant pour la qualité de votre jeu. Deux grands golfeurs des années cinquante, renommés pour leur putting, l'ont prouvé. Bobby Locke, un jeune Sud-Africain, a ainsi remporté le British Open en 1949, 1950, 1952 et 1957. En 1949, le prix de ce tournoi s'élevait à 1 500 livres sterling et Locke en reçut 300 ainsi qu'une médaille d'or.

Au cours de la même décennie, le champion sud-africain fut suivi par un jeune Australien nommé Peter Thomson, qui domina le British Open en 1954, 1955, 1958 et, plus tard, en 1965. Cette année-là, Thomson remporta la somme de 1 750 livres sterling, soit 1000 livres sterling de plus que lors de son premier succès en 1954.

Enfin, à l'opposé de la tête du club, se trouve la «prise» (ce terme est en réalité impropre). Le nom approprié est «grip», et il est impératif que celui-ci soit correctement équilibré, afin que le joueur puisse bien frapper sa balle.

Il est conseillé de tester un grand nombre de putters pour déterminer celui qui vous conviendra le mieux.

DOUBLE PAGE SUIVANTE : *Green du trou n° 8 (également n° 6 et n° 3), parcours du Royal Pines Golf Club dans le Queensland, en Australie.*

Stephen Munday-Allsport

Les grips

Dès l'origine, un grip très épais, composé de différents tissus recouverts de cuir ou de peau, était fixé sur les clubs munis d'une tête particulièrement lourde. Ce grip devait être suffisamment large pour permettre aux deux mains de l'enserrer, comme pour une batte de cricket ou de base-ball.

Avant les années 1900, on utilisait fréquemment des peaux de chamois, de mouton et d'antilope pour fabriquer les grips, mais le coût relativement élevé de ces matériaux obligea les fabricants à tester les cuirs de vache et de poney, qui s'avérèrent tout à fait satisfaisants. Dans le même temps, on étudia avec beaucoup d'attention la question de l'équilibre du club, obtenu notamment en réalisant un bon transfert de poids du grip à la tête. Des matériaux plus légers, des bandes de tissu de 2,50 centimètres, furent utilisés pour fabriquer les grips. On enroulait les longueurs les unes sur les autres, assurant ainsi une continuité entre le manche et le grip.

Le cuir de veau, à la fois souple et résistant, domina le marché des années trente jusqu'aux années cinquante, tandis que les grips en moleskine, en caoutchouc, en caoutchouc composite, en matière synthétique ou encore en tissu étaient montés sur des clubs de qualité moindre.

Depuis de nombreuses années déjà, les grips en cuir sont remplacés par des mancherons, des grips en caoutchouc ou en caoutchouc composite que l'on enfile sur les manches ; ils peuvent parfois être ornés de différentes façons, au gré des modes.

L'importance de choisir des grips de qualité n'est plus à démontrer. Ils favorisent le bon transfert de poids vers la tête du club, absorbent les vibrations et sont composés de matériaux en accord avec les gants. Même humides, le golfeur doit les avoir bien en main, et il est également indispensable qu'ils soient extrêmement solides pour résister aux multiples manipulations.

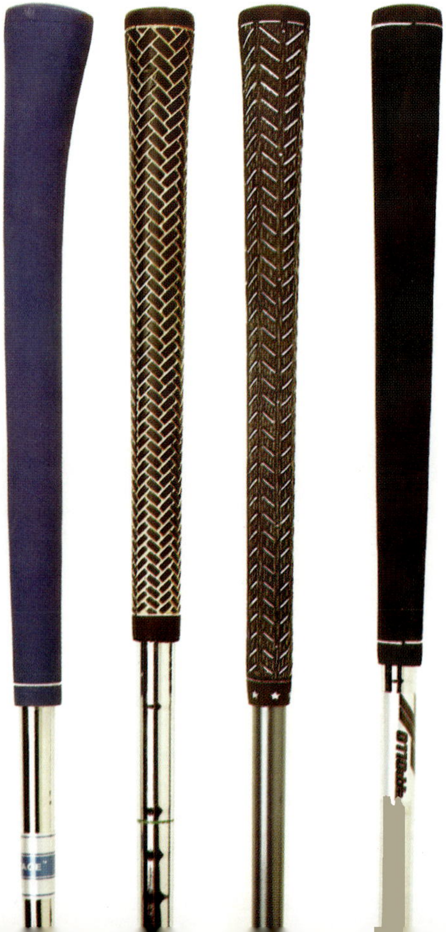

Grips modernes.

Les balles

Comme le golf lui-même, l'histoire de la balle et l'art de la fabriquer remontent à plusieurs siècles.

Le XXe siècle vit l'apparition de la balle à noyau de caoutchouc dont la conception n'a guère évolué depuis la fin des années vingt, à l'exception toutefois de son enveloppe.

Aux alentours de 1930, la demande ne fit que s'accroître, augmentant ainsi le nombre de fabricants, qui multiplièrent alors les types de balles en produisant des modèles de différentes qualités.

Le golf est un sport qui convient à tous. Nombreux sont ceux qui se souviennent aujourd'hui du plaisir que l'on avait à découper l'enveloppe d'une balle endommagée pour en retirer des mètres et des mètres de ruban élastique. Le noyau de la balle apparaissait, le plus souvent formé d'une poche de poudre ou de pâte de plomb de couleurs variées. De temps en temps, le noyau était en caoutchouc dur, en métal, en liège (pour les balles flottantes), et parfois même en gomme adhésive qui collait aux doigts.

Pendant des années, en Écosse, le grand jeu des écoliers, qui servaient de caddies dans les clubs, était de placer une balle de golf sous un rouleau compresseur. L'explosion qui en résultait obligeait la plupart du temps le conducteur de la machine à s'arrêter afin d'en vérifier le bon fonctionnement. Sa crainte se dissipait aussitôt qu'il s'apercevait qu'il venait tout simplement d'écraser une balle de golf.

La fin des années vingt vit la disparition des balles de golf à enveloppe à alvéoles inversées ou à picots. Elles étaient pourtant plus résistantes que les balles usuelles à noyau en caoutchouc, et imprimées de dessins géométriques (alvéoles, carrés, triangles ou encore pointes de diamant). L'enveloppe de la balle à

En haut et en bas : *Balles modernes blanches et colorées.*

CI-DESSUS : *Noyau en caoutchouc dur d'une balle de golf.*
À GAUCHE : *Ruban élastique qui entoure le noyau de la balle avant qu'elle ne soit recouverte de son enveloppe.*

CI-CONTRE : *Cette coupe d'une balle à noyau en caoutchouc dur permet de voir l'épaisseur de son enveloppe et le ruban élastique qui recouvre le noyau.*

picots, si elle convenait aux débutants, offrait cependant des performances tout à fait insuffisantes, notamment en ce qui concerne sa distance de frappe.

Pendant des années, la balle de golf dut se conformer (normes de taille et de poids) au règlement édicté par le Comité des règles de golf du Royal & Ancient. Lors d'une réunion à Saint Andrews en 1920, la résolution suivante fut adoptée : *«À partir du 1er mai 1921, le poids d'une balle de golf ne devra pas excéder 45,937 grammes et son diamètre ne saurait être inférieur à 4,115 centimètres.»*

Aux États-Unis, l'U.S.G.A. (United State Golf Association) signifia au Royal & Ancient Club qu'elle avait une *«balle plus facile et plus plaisante à jouer pour les amateurs de golf»*. Ainsi, à partir de janvier 1932, il fut décidé que la taille et le poids de la balle seraient respectivement de 4,267 centimètres et 45,937 grammes. Il est aujourd'hui avéré que les balles dont les enveloppes sont alvéolées pénètrent mieux l'air que tout autre balle ; pour cette raison, plus aucune balle à enveloppe ornée de carrés ou de triangles n'est en usage.

Aussi longtemps que les golfeurs se contentèrent d'une balle qu'ils pouvaient envoyer suffisamment loin, et qui ne se fendait pas dès qu'ils la topaient avec un fer, les critères de choix n'étaient que d'ordre financier. Les balles alvéolées à enveloppe fine étaient les plus coûteuses, mais parcouraient de plus

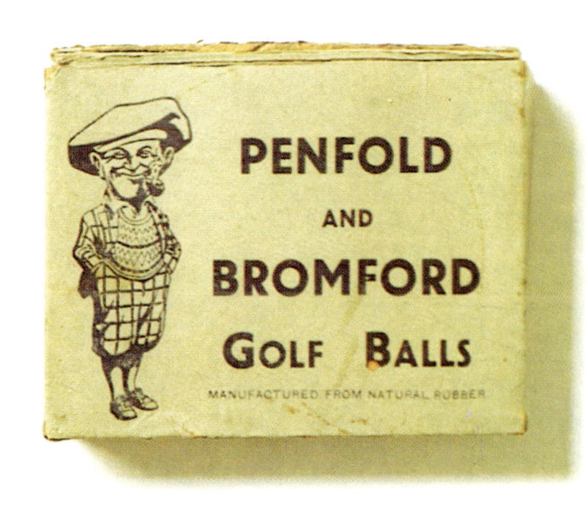

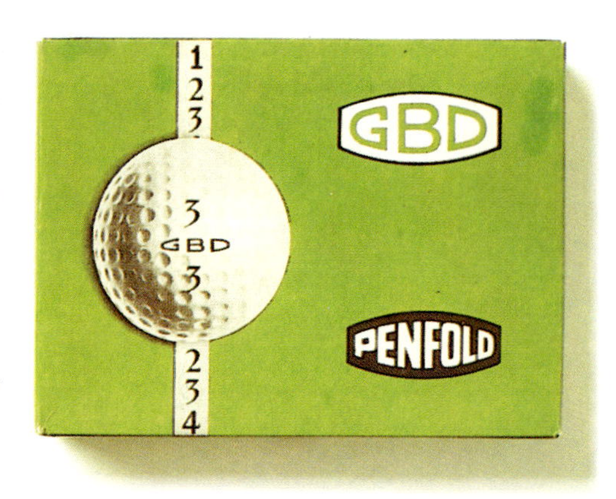

longues distances. Celles ornées de petits carrés étaient plus dures, moins onéreuses, mais peu performantes. Néanmoins, elles pouvaient résister à l'impact de n'importe quel club.

En 1938, les balles les plus connues s'ornaient de messages publicitaires tels que «H.V» (High Velocity), «T.T» (Tough and True), «S.S» (Special Scratch), «Needled», «Supercharged», «Super-Plus», «Pin-Hi», ou encore la fameuse «Tee-Mee».

Il est hors de propos d'énumérer ici tous les progrès et modifications enregistrés par les balles de golf au cours des vingt-cinq dernières années, mais il est cependant nécessaire de retracer l'histoire de la petite sphère blanche, rouge, orange ou jaune qui est passée d'une structure enroulée à une structure pleine en une, deux ou trois pièces, avec des enveloppes de matières différentes, et des compressions allant de 75 à 105.

En 1990, la standardisation des balles a contraint le Royal & Ancient Golf Club à adopter les normes américaines en matière de taille et de poids, ainsi qu'une «vitesse limite» (la vitesse initiale de la balle ne doit pas dépasser 77,724 mètres par seconde), qui les a intégrées au règlement international.

Il est intéressant de comparer le nombre et la profondeur des alvéoles sur la surface d'une balle actuelle et ancienne. Aujourd'hui, lorsqu'elle est frappée, la balle prend de la vitesse très rapidement et sa hauteur de vol dépend de l'angle de la face de club. Si les alvéoles sont peu profondes, elles doivent être en

EN HAUT : *Boîte contenant le modèle de balle le plus populaire des années trente.*

CI-DESSUS : *La même marque présentée dans un emballage plus moderne contenant douze balles.*

revanche plus nombreuses, sinon l'enveloppe pénétrera moins bien l'air, réduisant d'autant sa distance de frappe. Si les alvéoles sont profondes, la balle est ralentie et va moins loin. À l'heure actuelle, les fabricants tentent toujours d'en améliorer les performances.

Si l'on compare les balles modernes à celles des années vingt et trente recouvertes de petits carrés, on comprend pourquoi les joueurs ne pouvaient les frapper très loin, ces motifs altérant la vitesse et donc la distance.

CI-CONTRE : *Une balle de practice creuse.*

CI-DESSOUS : *Un porte-tee en cuir et une balle de golf dont l'enveloppe est ornée de petits carrés.*

Les sacs

À gauche : *Un sac de professionnel.*
À droite : *Un sac complet équipé de ses accessoires.*

Au début du XXe siècle, les sacs, en cuir ou en grosse toile, étaient cousus à la main et pouvaient contenir jusqu'à quinze clubs. Tous étaient munis d'une poche pour les balles et d'une capuche qui permettait de protéger le matériel. Des anneaux métalliques de 20 centimètres de diamètre renforçaient leurs extrémités. Entre les deux guerres, leur conception s'améliora considérablement : près de quatorze fabricants conçurent en effet des sacs plus résistants, dans des tailles et des formes très variées.

Durant ces quarante dernières années, les sacs sont devenus très esthétiques, avec l'apparition de modèles colorés, créés dans diverses matières telles que le cuir, le plastique ou le polythène léger. Ceux en cuir et en grosse toile à renforts en acier, ainsi que les petits modèles que l'on prenait pour aller au practice, étaient désormais révolus.

Compte tenu de l'encombrement de l'équipement de golf, on comprend aisément pourquoi les sacs sont aujourd'hui si volumineux. Voici une liste non exhaustive des accessoires qu'utilisent les golfeurs lors d'un tournoi : du ruban adhésif, un essuie-balle, un nettoyeur de face de club, des vêtements de pluie, des serviettes pour les mains et les clubs, des gants, des chaussettes, une visière, un chapeau ou une casquette, un relève-pitch, un marqueur de balle, des crayons, un parapluie, des tees en bois ou en plastique, sans oublier des barres chocolatées, des fruits secs ou des boissons, pour constituer l'apport énergétique indispensable sur le parcours. Prévoyez également des vêtements de pluie pour votre caddie.

Un relève-pitch et son marqueur de balle.

Un lave-balle porte-tees.

Un nettoyeur de face de club.

Les caddies

David Cannon/Allsport

Ci-contre : *Fanny Sunesson lors de l'US Masters en 1991, à l'Augusta National Golf Club.*

Double page suivante : *Le green du trou n° 9 du parcours de l'Esterel, à Saint-Raphaël, en France.*

Le mot «caddie» vient du français «cadet». En Écosse, il était souvent d'usage d'ironiser sur l'origine de ce terme en l'associant à «cuddy», qui désignait l'âne ou le baudet pouvant parfois aider le joueur à porter ses clubs sur le parcours.

Les caddies étaient issus de différentes classes sociales. On trouvait aussi bien de fervents partisans de l'école buissonnière, que des enfants désireux de gagner un peu d'argent pendant les vacances. Certains, à la recherche d'un travail, s'efforçaient d'arriver les premiers au départ du trou n°1, afin de ne pas avoir à revenir l'après-midi. Mais les caddies les plus sérieux s'intéressaient vraiment au golf. Ils conseillaient, encourageaient et corrigeaient parfois certaines erreurs des joueurs qu'ils accompagnaient lors de matchs. La plupart d'entre eux devinrent d'ailleurs par la suite des joueurs professionnels.

Sur certains links, on employait parfois des «fore-caddies». Munis de drapeaux, ils surveillaient le bon déroulement du jeu sur ces parcours vallonnés, où les joueurs se trouvaient par moments hors de vue des autres équipes. Ils signalaient également les balles égarées et assuraient la sécurité des personnes qui se promenaient sur ces terrains ouverts à tous.

Pendant des années, les caddies ont été sous les ordres du greenkeeper, engagé par le club pour diriger le personnel d'entretien du parcours et de ses environs. À de nombreuses occasions, lors de l'agrandissement ou du réaménagement d'un links, les caddies étaient employés à la construction des nouveaux trous, ce qui leur permettait quelquefois de devenir eux-mêmes greenkeepers.

La principale tâche des caddies, hormis le port du sac, consistait à nettoyer les clubs en fin de partie. Les têtes des bois et les manches étaient frottés avec un linge doux. Sur les parcours de bord de mer, la coutume voulait que l'on lave les fers (avant l'apparition des brosses métalliques) en les frottant dans du sable fin à l'aide d'un flotteur en liège provenant de filets de pêche. Cette méthode donnait des résultats très satisfaisants. On pouvait également utiliser de la toile émeri.

Dans les années vingt, les tarifs d'un caddie, pour un parcours de dix-huit trous, variaient en fonction de son grade.

Stephen Munday/Allsport

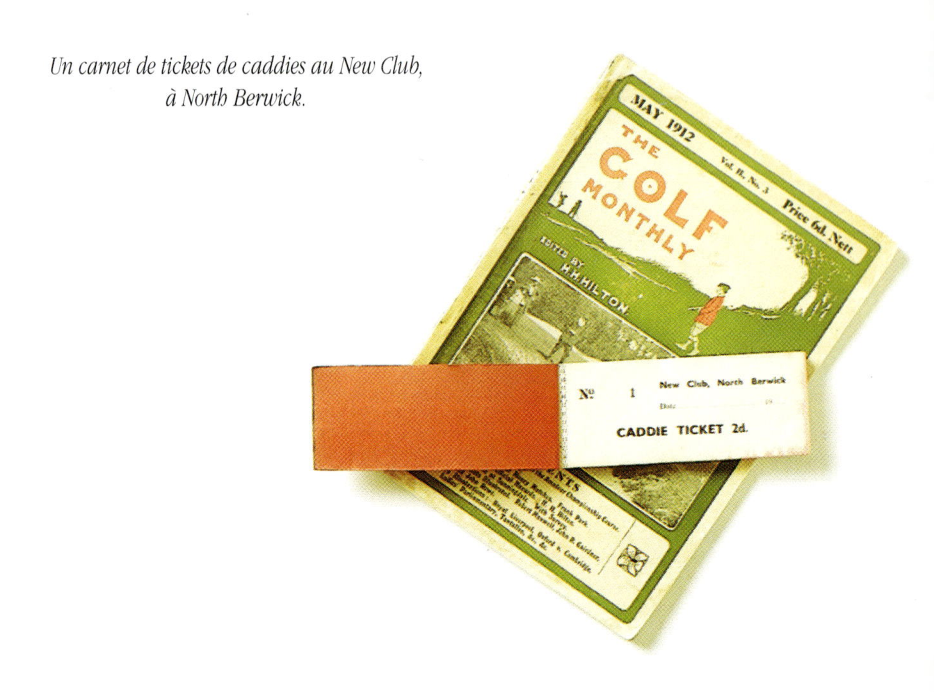

Un carnet de tickets de caddies au New Club, à North Berwick.

Le golf devenant de plus en plus populaire, les clubs anciens et prospères dirigèrent les caddies et réglementèrent leur emploi. Chacun recevait un grade, reconnaissable par différents badges ou brassards, informant les joueurs des compétences et de l'expérience du caddie, de sa connaissance du terrain et de la qualité de ses conseils. Ceux qui ne respectaient pas les règles risquaient de fortes sanctions, comme en témoigne le rapport suivant de 1903 : *«Au commissariat de police de Saint Andrews, neuf caddies ont été reconnus coupables de ne pas avoir porté leurs badges et ont été condamnés, à l'exception d'un seul d'entre eux qui avait perdu le sien, à une amende de un shilling ou une journée d'emprisonnement»*.

Les conditions de travail étaient assez dures, d'autant que les lourds badges en cuivre que portaient les caddies juste au-dessus du coude devenaient très difficiles à supporter par de fortes chaleurs.

Dans les années vingt, suite à de nombreux accidents subis par des caddies sur les parcours, certains clubs décidèrent de s'assurer contre ces risques. Ainsi, à terme, le caddie master devenait responsable de ses effectifs et en supervisait l'organisation. Le joueur était alors tenu de régler d'avance au caddie master les services d'un caddie, somme à laquelle il fallait ajouter l'assurance pour le club.

Au fil des ans, le statut des caddies s'est considérablement amélioré. Certains sont désormais très bien rémunérés, notamment lorsqu'ils sont attachés à un joueur professionnel, afin de pouvoir lui assurer leurs services aussi souvent qu'il le désire. Parfois, ils peuvent être récompensés de leurs efforts par une prime, accordée à l'issue d'un tournoi victorieux.

Chariots et petites voitures

Dans certains clubs de golf qui ne disposaient pas d'un nombre suffisant de caddies, le chariot permit aux joueurs de transporter eux-mêmes leur matériel.

À la fin du XIXe siècle, puis, par la suite, dans les années vingt, des modèles à roues furent mis à l'essai aux États-Unis, mais sans grand succès. Après la Seconde Guerre mondiale, ces chariots réapparurent sur le marché, leur conception et leur ligne s'étant beaucoup améliorées entre-temps ; certains joueurs et quelques professionnels commencèrent alors à en louer. Cependant, les roues étroites des chariots endommageaient les parcours et les greens. Les fabricants durent alors choisir un pneu plus large, toujours utilisé actuellement. Ces chariots se sont de plus en plus perfectionnés, et l'on trouve aujourd'hui des modèles électriques alimentés par des batteries, suffisamment compacts pour tenir dans le coffre d'une voiture.

Afin de faciliter le transport du matériel, il existe maintenant de petites voitures. Certaines d'entre elles sont électriques et à quatre roues motrices. Elles permettent de conduire deux joueurs munis de tout leur équipement. Sur bon nombre de parcours, notamment privés, d'étroites routes goudronnées ont été construites le long des fairways, témoignant de la popularité de cette invention.

Chariot pliable avec tous ses accessoires.

Chariot pliable très léger.

Double page suivante : *Une sélection de vêtements de golf.*

David Cannon/Allsport

Les vêtements

Chacun s'accorde à reconnaître que des conditions climatiques peut dépendre le plaisir d'une partie de golf, d'où la nécessité de se vêtir en conséquence.

Aujourd'hui, une gamme complète de vêtements est à votre disposition pour vous permettre d'affronter d'éventuelles intempéries.

Par mauvais temps, il est indispensable d'avoir une tenue de pluie imperméable (veste, pantalon et casquette) et une paire de chaussures adéquate. Il est également conseillé de prévoir des chaussettes, un pull de rechange, ainsi que des serviettes. Certains apprécieront de porter des gants imperméables. Est-il besoin de rappeler l'utilité du parapluie sous nos climats ? Il doit être très robuste, à doubles baleines, avec un manche solide pour résister aussi bien au vent qu'à la pluie.

À gauche : *Payne Stewart au Bristish Open en 1990.*

Vêtements d'hommes pour temps sec (en haut) et humide (en bas).

Vêtements de femmes pour temps sec (en haut) et humide (en bas).

CI-CONTRE : *Un parapluie suffisamment grand pour abriter deux personnes.*

Le golf par tous les temps

Le temps d'orage est toujours dangereux et les parcours de golf ne font pas exception à la règle. Il est donc conseillé d'interrompre la partie temporairement, en attendant que les conditions climatiques soient plus clémentes. Il sera ensuite possible de reprendre le jeu là où l'on s'était arrêté.

Heureusement, dans nos pays, il est possible de pratiquer le golf une grande partie de l'année. Seuls le gel, la neige et les inondations peuvent empêcher un tournoi.

Pendant l'hiver, nombre de clubs modifient leur règlement et il est assez fréquent de jouer sur ce que l'on appelle des «greens d'hiver» (partie de fairway tondue plus rase, de la superficie d'un petit green). Des aires de départ provisoires peuvent aussi être aménagées. Elles sont généralement placées juste devant ou à côté des départs les plus fréquentés. Parfois, quand le temps est très mauvais, vous trouverez également des départs sur tapis. Ces derniers ne sont pas toujours appréciés des golfeurs car la tête du club peut rebondir sur cette surface assez dure. Ils ne sont en fait utilisés que pour laisser reposer les aires de départ, afin que l'herbe soit à nouveau praticable.

Par temps froid et humide, les balles ne roulent pas aussi bien que sur un terrain sec. Elles se refroidissent, perdant ainsi de leur élasticité. Le corps humain ne réagit pas différemment. Les membres et les muscles se raidissent. Ne soyez donc pas surpris de taper des coups moins longs, même emmitouflés dans de chauds vêtements. Votre swing sera certainement moins ample. Il est conseillé dans ce cas de garder le même rythme et équilibre ; ainsi, votre jeu ne devrait pas être trop affecté par ces conditions climatiques particulières.

Tees d'hiver pour jouer sur un sol dur ou gelé.

Cache-bois

CHAQUE joueur doit porter la plus grande attention à ses bois. Les nouveaux cache-bois en laine sont souvent très beaux, mais totalement inefficaces par temps humide. Évitez donc de les utiliser dans de telles conditions et achetez plutôt des cache-bois en plastique. Même s'ils sont moins esthétiques, ils seront plus faciles à placer et à enlever, tout en étant imperméables.

Les sacs de golf actuels ont souvent des capuches amovibles, très utiles quand il pleut. En effet, il convient de les préserver de l'humidité, même si leur fond possède généralement un trou d'évacuation.

CI-CONTRE À DROITE : *Cache-bois imperméable.*
CI-CONTRE À GAUCHE : *Cache-bois en laine.*

DOUBLE PAGE SUIVANTE : *Le trou n° 15 lors de l'US Masters à l'Augusta National Golf Club en 1993.*

David Cannon/Allsport

Conseils de jeu

Le vent nuit, sans aucun doute, aux performances des meilleurs golfeurs, mais de telles conditions climatiques ne devraient pas empêcher les joueurs de pratiquer ce sport. Pendant votre parcours, vous serez contraint de jouer avec un vent de travers, de face ou arrière. Ce dernier a cependant l'avantage d'emporter la balle loin sur le fairway. En revanche, vous aurez plus de difficulté sur un parcours boisé. Quand le vent est fort, il souffle en rafales et en tourbillonnant à travers les arbres, et il devient alors presque impossible de savoir quel club choisir pour envoyer la balle sur le green. Dans de telles circonstances, il faut vous concentrer sur un seul point : maintenir la balle basse. Assurez-vous que le poids de votre corps est bien réparti sur vos pieds afin de préserver votre équilibre ; prenez un club plus fermé qu'à l'accoutumée, du fer 2 au fer 6, et punchez la balle en faisant pivoter vos poignets après l'impact, tout en raccourcissant votre fin de geste. Sur les coups plus courts, évitez de lever la balle ; jouez le plus de coups roulés possibles, en tenant compte du fait que la balle roulera moins que d'habitude puisqu'elle sera freinée par le vent.

Les links ou les parcours de bord de mer n'accueillent pas les mêmes types de golfeurs. Ces derniers s'accoutument aux brises légères et aux vents violents, et apprennent ainsi à jouer des balles aux trajectoires basses. Driver dans le vent sur n'importe quel parcours côtier nécessite une certaine technique. La balle est généralement posée sur un tee plus enfoncé, et selon une ligne qui passe à l'intérieur du talon gauche. Le corps est en équilibre parfait, les pieds bien ancrés au sol. L'amplitude et la longueur de la montée sont réduites, la balle étant accompagnée le plus longtemps possible après l'impact. Cette méthode ne peut, bien sûr, s'acquérir immédiatement et il convient de s'entraîner sur des links très ventés pour la maîtriser. Mieux vaut dans ce cas ne pas lutter contre les vents violents mais les utiliser, en réfléchissant à la façon la plus adéquate de frapper la balle.

Lorsque le vent souffle et que le temps est humide, le golfeur doit s'adapter en choisissant des clubs avec des faces plus fermées que celles qu'il aurait utilisées en temps normal. Il doit être capable d'arrêter la balle rapidement sur le green, en veillant à ce que son putt ne soit pas trop court du trou s'il a mal évalué la vitesse sur l'herbe humide.

Pour les départs sur tapis, il est conseillé de prendre un bois n° 2, plutôt qu'un driver. Ce choix vous donnera confiance même si la distance parcourue par la balle s'en trouve un peu réduite. Si vous utilisez un fer sur ce type de départ, placez votre balle sur un tee et

Assurez-vous d'être bien en équilibre.

frappez-la franchement. Comme il est presque impossible, depuis un départ sur tapis, de puncher la balle, mieux vaut laisser opérer la face du club.

Mais, quand les conditions de jeu sont favorables, aucun autre sport n'égale le golf. Le swing s'exécute alors librement, la balle roule beaucoup plus loin et le sable des bunkers est suffisamment sec pour permettre de la sortir aisément. De plus, par temps ensoleillé et sans vent, nul besoin de s'encombrer de tous les accessoires nécessaires lorsque les conditions climatiques sont mauvaises. Prenez simplement une serviette pour vous éponger. On peut également swinguer sans aucune entrave et réaliser ainsi un score intéressant.

Points à retenir

- *Avant de partir jouer au golf, il est préférable de s'enquérir des conditions climatiques. En arrivant sur le parcours, allez faire un peu de practice avant de vous rendre au départ du trou n° 1. Cet échauffement est souvent très bénéfique pour décontracter les muscles.*
- *Relaxez-vous en mettant votre balle sur le tee et concentrez-vous sur le coup à jouer.*
- *Placez-vous correctement. Alignez vos pieds et vos épaules vers le point que vous voulez atteindre.*
- *Tenez votre grip fermement mais sans trop le serrer. Vos genoux doivent être relâchés.*
- *Regardez votre balle attentivement quand vous vous mettez à l'adresse.*
- *Effectuez quelques mouvements de club avant de commencer votre swing. Cela vous aidera à bien contrôler votre club et vos mains.*
- *Montez le club lentement sans à-coups, les hanches et les épaules pivotant en même temps.*
- *Ne bougez pas la tête.*
- *En haut de la montée, avec les bois, ne dépassez pas l'horizontale.*
- *Pendant tout le swing, maintenez votre bras gauche aussi tendu que possible, sans qu'il soit raide pour autant.*
- *Coordonnez bien le mouvement des bras, des poignets et des mains.*
- *Ne vous précipitez pas sur la balle; rythmez votre coup. Mettez votre poids derrière la balle avant l'impact.*
- *Achevez le mouvement en faisant pivoter tout votre corps vers le trou. Terminez votre swing avec le poids du corps sur votre pied gauche et sur la pointe de votre pied droit.*

Bois de fairway

Une série de bois de fairway comprend les bois n° 2, 3, 4 et 5. Tous ces clubs sont destinés à envoyer la balle le plus loin possible, bien qu'ils soient également très utiles lors de l'exécution des trois quarts de coup.

Le golfeur d'un niveau moyen ne devrait utiliser le bois n° 2 sur le fairway que lorsque la balle est très bien placée au sol. Ce club n'est pas fait pour sortir la balle d'une herbe épaisse. Alors que le loft augmente du bois n° 3 au bois n° 4 et au bois n° 5, la longueur des coups diminue ainsi que l'amplitude du backswing. Les bois n° 4 et n° 5 peuvent être utilisés pour puncher la balle depuis le fairway ou le semi-rough, ainsi que sur les trous plus courts.

Pour frapper la balle à plus de 180 mètres, il est vivement conseillé d'utiliser un bois n° 3 ou 4. Le loft important de ces clubs permettra à la balle de s'arrêter plus facilement.

Avec de l'entraînement, vous évaluerez rapidement vos limites et celles de vos clubs.

Sur les parcours de bord de mer, les bois n° 3 ou 4 sont parfaits pour les jours sans vent. Vous pourrez frapper la balle franchement et même puncher pour la sortir des divots.

Dans le semi-rough, dont la hauteur peut varier d'un parcours à l'autre, vous pouvez avoir besoin de votre bois n° 4 ou 5. Pour plus de sécurité, n'hésitez pas à abaisser votre grip d'environ 2 centimètres sur le manche, et, tout en conservant le même rythme et le même arc de swing, tapez votre coup sans forcer.

Si vous débutez et que vous ne savez quel club choisir pour les longs coups joués sur le fairway, optez pour les bois (ou les bois métal) dont la tête repose bien au sol, plutôt que pour les fers dont la tête doit être placée derrière la balle.

Sur les autres parcours dont l'herbe est luxuriante, le bois n° 3 est indispensable à tout golfeur, notamment sur les lies denses. Vous frapperez alors directement la balle selon un plan assez vertical et vous traverserez bien à l'impact en effleurant le sol.

Les professeurs de golf de l'ancienne école utilisent fréquemment le bois n° 3 lors de la première leçon donnée à leurs élèves. Voir la balle posée sur un tee s'élever dans les airs encourage vivement les débutants.

Il peut paraître très étrange que peu de golfeurs, à l'exception des professionnels, passent du temps au practice. Évidemment, il est plus plaisant de jouer dix-huit trous en utilisant toute une gamme de clubs, que de frapper continuellement une balle derrière l'autre sur un tapis de practice. C'est pourtant la meilleure méthode pour apprendre, et sachez qu'en une heure vous pouvez taper jusqu'à cinquante balles. Ce temps passé au practice vous permettra d'apporter les corrections et les ajustements nécessaires à votre swing. Quatre heures sur le parcours ne seront pas aussi bénéfiques, et vos défauts n'en seront pas pour autant corrigés.

Le trou n° 18 du Port Royal Golf Club, aux Bermudes.

Les fers

La face très verticale de l'ancêtre du fer 1 a disparu depuis longtemps, et, aujourd'hui, les séries de fers ne comprennent pas le numéro 1, sauf sur une demande spéciale.

De nos jours, les golfeurs professionnels et les joueurs «scratch» utilisent régulièrement des fers aux faces très verticales, mais ils savent que lorsqu'ils ne sont pas joués sur un tee, ils peuvent être des armes très dangereuses. Lors de l'exécution de ces coups, le timing est alors capital, aussi important que lorsqu'on choisit un driver sur le fairway. Des ajustements doivent notamment être apportés au stance et à l'arc de swing.

Avec les fers 2 et 3, on doit adresser la balle sur le talon du pied gauche. Cela permet au joueur de ramener la face de club derrière la balle, de bien traverser celle-ci et de la frapper avant de toucher le sol. Cette technique la compresse et augmente sa vitesse en l'air. Avec les fers courts, la balle sera progressivement adressée vers le milieu du stance, notamment pour les pleins coups à jouer. Cela favorise une descente plus verticale sur la balle, produisant ainsi un effet de backspin qui permet de mieux la contrôler.

Tous les joueurs amateurs admirent la faculté qu'ont les professionnels de donner du backspin à la balle pour l'arrêter le plus vite possible sur le green, et parfois même la faire revenir en arrière, vers l'endroit où elle a atterri. Néanmoins, sachez qu'il est presque impossible pour un amateur d'atteindre leur niveau, au vu du nombre d'heures qu'ils passent à s'entraîner et à travailler leur technique.

Sur les parcours dont les fairways sont vallonnés, le golfeur se retrouvera souvent à jouer le green avec les pieds en pente.

Lorsque vous êtes confronté à une pente ascendante, il est conseillé de choisir un club plus long (c'est-à-dire avec une face plus verticale) que celui que vous utiliseriez normalement pour la même distance. Ce type de lie donnera à la balle une trajectoire plus haute, et lui fera par conséquent perdre de la distance.

Sur une pente descendante, prenez au contraire un club avec une face plus ouverte et swinguez en épousant les contours du terrain.

Les pentes latérales ne sont pas aussi difficiles qu'elles peuvent le paraître. Si vous vous retrouvez sous la balle, mieux vaut prendre alors un club plus court et s'aligner vers la droite pour compenser l'effet de hook vers la gauche (pour les droitiers) que la balle aura tendance à subir. Il est important de ne pas faire d'overswing.

Dans la situation inverse, si vous vous retrouvez au-dessus de votre balle, choisissez un club plus long mais abaissez quelque peu votre grip, et alignez-vous légèrement vers la gauche pour éviter l'effet de slice. Un trois quarts de swing devrait vous permettre de réaliser de meilleurs résultats. Soyez extrêmement attentif quand vous êtes sur une pente. Préférez la sécurité à la longueur et essayez de maintenir la balle sur le fairway.

Avec les fers 2 et 3, la balle doit être adressée sur le talon du pied gauche.

Avec les fers plus courts, la balle sera adressée progressivement vers le milieu du stance, notamment pour jouer les pleins coups.

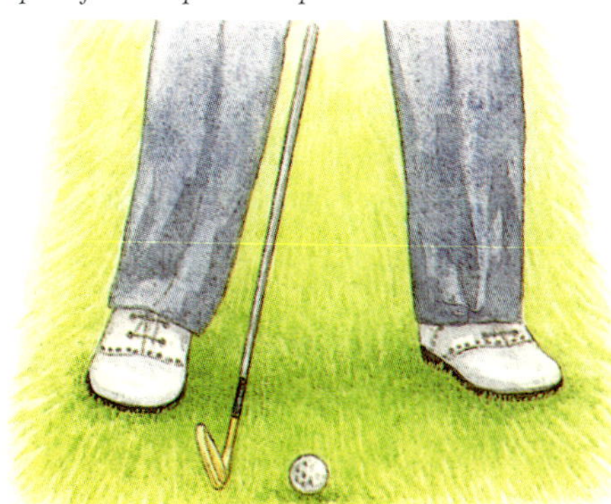

LE PETIT JEU

Pour sortir d'un bunker, le joueur doit remettre la balle sur le fairway.

L'IMPORTANCE du petit jeu en golf est trop souvent sous-estimée. Nombre de joueurs comptent sur leur habileté autour des greens pour réaliser leurs meilleurs scores, et il est pourtant essentiel de savoir quels types de coups et de clubs vous permettront d'obtenir les résultats souhaités.

Bien étudier la nature du terrain situé entre la balle et le drapeau est primordial. Un obstacle, un bunker ou une butte à franchir gênent-ils le jeu ? Le terrain est-il suffisamment plat pour tenter un coup roulé ? Si vous devez passer un obstacle pour atteindre le drapeau, il vaut mieux essayer de le contourner en jouant la sécurité sur une partie du green dégagée. Le résultat sera peut-être meilleur que prévu.

Sur les petits chips, essayez de pincer la balle en prenant une motte de gazon, de façon à ce qu'elle roule légèrement après avoir touché le green. Contrôlez toujours votre swing en empêchant votre tête de club de dépasser la ligne de vos épaules.

La plupart des joueurs appréhendent les bunkers, tant il est vrai que la perspective de voir la balle reposer sur le sable peut être décourageante. Cependant, l'en sortir n'est pas aussi difficile que se l'imaginent les débutants.

Si le bunker est profond, il est plus facile de remettre simplement la balle sur le fairway, quand bien même doit-on la sortir sur le côté de l'obstacle, ou à l'arrière lorsqu'elle est trop près de la lèvre du bunker.

Un stance ouvert, un grip bien ferme et une montée lente sont essentiels pour réussir ce coup. La face du club, légèrement ouverte (tournée vers l'extérieur), doit être ramenée dans le sable, environ 2 centimètres avant la balle. Il est important de bien traverser le sable sous la balle avec la tête du club, et d'effectuer une fin de geste complète.

Pour sortir d'un bunker, il n'est pas nécessaire de frapper très fort, mais plutôt de réaliser un coup bien coulé et ferme. Quoi qu'il en soit, le geste fondamental pour le débutant est celui de dégager la balle.

Ramenez la face du club dans le sable environ 2 centimètres avant la balle.

Le putting

Si l'on veut établir une certaine classification et hiérarchie des clubs, on peut affirmer que le driver est sans aucun doute le plus grand de tous et le seul à pouvoir envoyer la balle très loin. Le niblick ou sand wedge constitue le club le plus lourd. En dépit de sa frêle stature, le putter a, quant à lui, le rôle le plus important car il est indispensable au jeu. En effet, on peut considérer le putting comme un «jeu dans le jeu» de golf.

Nous avons précédemment décrit les putters. Ceux munis d'une large semelle sont plus faciles à manier que les autres, mais il est essentiel que le club choisi ait un poids, une longueur, un lie et un équilibre parfaitement adaptés au joueur. La plupart des golfeurs adoptent un style de putting qui requiert quelques ajustements.

S'entraîner avec un putter est tout aussi nécessaire qu'avec n'importe quel autre club. En effet, lors d'un tournoi ou d'une compétition, le plus petit putt manqué compte autant que le drive le plus long.

La technique du putting varie en fonction du joueur et chacun trouvera, à force d'entraînement et de pratique, la méthode qui lui convient pour réussir et ajuster ses coups. Mais aucune raison ne justifie que l'on n'utilise pas le même grip pour le putter que pour les autres clubs.

Sur le practice, commencez à vous entraîner en réalisant des putts courts, de préférence sur

Ci-dessus : *Des marqueurs de balle pour le green.*

À gauche : *Pour s'entraîner à putter chez soi.*

une partie plate du green. Pour exécuter un coup réussi, il est nécessaire de travailler avec vos poignets et vos mains. Progressivement, augmentez la distance de vos putts et servez-vous à nouveau de vos bras ainsi que de vos mains et de vos poignets. Il est utile de maintenir la tête du club au ras du sol sur les putts courts; en revanche, sur les putts longs, le club montera selon la force nécessaire à la bonne exécution du coup.

Rentrer ses putts est essentiel en match-play ou en stroke-play, et le joueur qui y parvient devient un adversaire redoutable.

Le trou n° 5 du Nicklaus Course East à Grand Cypress Resort.

L'entretien du matériel

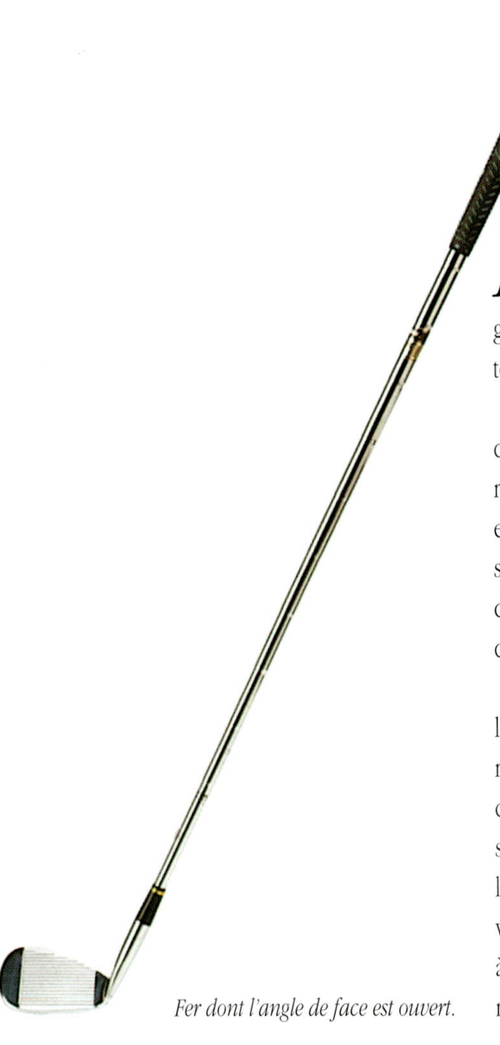

Fer dont l'angle de face est ouvert.

AYANT passé en revue les clubs et les accessoires nécessaires à la pratique du golf, il convient maintenant d'entretenir correctement cet équipement.

Les joueurs prennent en général grand soin de leur matériel. À la fin de chaque partie, ils nettoient les têtes de leurs clubs, les manches et les grips avec une serviette humide ou sèche selon les cas. Les mottes de terre ou d'herbe, incrustées sur les marques des clubs, doivent être impérativement enlevées.

À moins que les clubs ne soient déjà usagés, les grips sont généralement très résistants, notamment ceux en caoutchouc ou en caoutchouc composite. Lorsqu'un grip commence à se fendre dans sa partie basse, il convient de le remplacer par un modèle identique provenant du même fabricant. Gardez toujours à l'esprit, lorsque vous désirez acheter une nouvelle série de clubs, que vous ne vendrez bien l'ancienne que si elle a été parfaitement entretenue.

L'entretien des chaussures est également très important. Si vous les traitez avec la même attention que vos chaussures de ville, vous les garderez longtemps. Munies de clous, elles retiennent la terre et l'herbe, surtout quand le terrain est humide. Une fois votre partie achevée, nettoyez le tour des clous et brossez vos chaussures jusqu'à ce que la semelle soit parfaitement propre.

Si vos chaussures de golf sont en cuir, passez de temps en temps un savon pour cuir ou tout autre préparation afin de préserver leur souplesse et leur imperméabilité. Évitez également de les faire sécher en les approchant trop près d'une source de chaleur, car le cuir se raidirait et se craquellerait.

Aujourd'hui, les clubs de golf possèdent des vestiaires spacieux et bien équipés.

Une paire de chaussures de golf cloutées.

Une astuce aidera les débutants qui possèdent un chariot : en changeant régulièrement de main pour le tirer, ils pourront ainsi se muscler les deux bras au lieu d'un seul.

Ceux qui pratiquent le golf depuis un certain temps doivent vérifier régulièrement le bon état de leur chariot. Les courroies de cuir ou de caoutchouc qui maintiennent le sac, même si elles sont solides, peuvent lâcher alors que l'on se trouve très loin du club-house – et les greenkeepers détestent avoir à se défaire de leurs lacets de chaussures afin de permettre aux joueurs de poursuivre leur parcours ! Chaque mois, il convient de huiler les parties qui seraient atteintes par la rouille et de lubrifier le roulement des roues. Les golfeurs doivent aussi contrôler l'état des pneus.

Prenez le temps d'inspecter votre équipement – clubs, sac, vêtements, chaussures, parapluie, etc. Tous ces accessoires sont essentiels pour votre confort et vous éviteront des dépenses inutiles.

Pour les joueurs souhaitant s'entraîner assez souvent, mais qui habitent trop loin de leur parcours, pourquoi ne pas envisager de le faire chez soi ? S'ils possèdent une pelouse suffisamment grande pour pouvoir swinguer, ils pourront ainsi pratiquer le golf à tout moment de la journée.

L'acquisition d'un filet d'entraînement n'est pas très coûteuse et protégera efficacement votre jardin. Il prend généralement peu de place et se replie facilement dès que vous n'en avez plus l'usage.

La «balle captive», sur laquelle est fixé un parachute, et la balle reliée au sol par une ficelle sont idéales pour des surfaces de 3 mètres carrés en gazon ou tapis synthétique. La balle d'entraînement en plastique est également très utile car elle ne volera que quelques mètres, même frappée fortement.

Le thé ou le dîner entre amis golfeurs sera l'occasion de disputer un match, à condition que ces derniers aient pris le soin d'apporter leur driver ou leur bois n° 2.

Il existe d'ailleurs un jeu d'adresse très amusant, qui peut donner lieu à de belles compétitions. Ayez en votre possession un certain nombre d'allumettes qui s'enflamment dès qu'on les frotte sur une surface rugueuse. Distribuez-en vingt à chacun des joueurs. Placez-en une à 1,5 centimètre derrière un tee. Enfoncez-la de manière à ce que seule sa tête apparaisse. Mettez-vous à l'adresse, prêt à exécuter un swing normal, le but du jeu étant d'enflammer la tête de l'allumette au passage du club. Un swing correct fera généralement décoller le tee du sol. Sans doute vous faudra-t-il un certain temps avant de parvenir à positionner le tee et l'allumette, et de nombreuses heures d'entraînement pour arriver à réaliser un swing capable d'enflammer l'allumette.

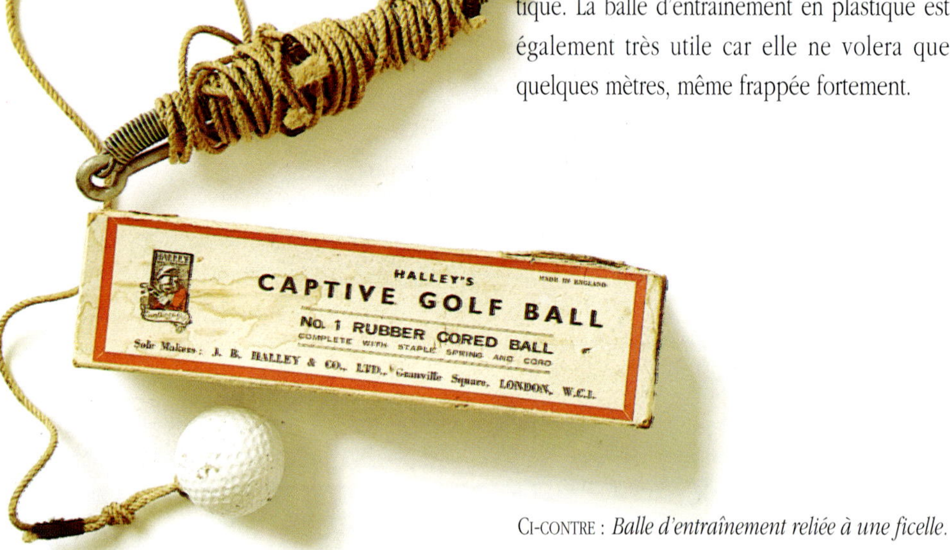

CI-CONTRE : *Balle d'entraînement reliée à une ficelle.*

Glossaire

A

Ace	Trou en un.
Accompagnement	Après avoir frappé la balle, les mains et la tête du club finissent l'arc de cercle.
Adresse	Se mettre en place pour la préparation du coup.
Air shot	Mouvement complet effectué par le joueur sans que le club ne touche la balle.
Albatros	Faire un trou en trois coups en dessous du par.
All flat	Terme américain utilisé pour désigner des joueurs qui sont à égalité.
All square	Terme désignant des joueurs à égalité à la fin ou au cours d'un match-play.
Approche	Petit coup joué pour atteindre le green.
Arc	Courbe dessinée par la tête de club pendant le swing.
Armer	Flexion des poignets en haut du backswing.
Avant-green	Surface entourant le green, sur laquelle l'herbe est coupée plus rase que sur le fairway.

B

Back door	Terme utilisé lorsque la balle fait le tour du trou et rentre par l'arrière.
Backspin	Effet donné à la balle lui permettant, une fois qu'elle a touché le green, de revenir en arrière. Le backspin est obtenu grâce à une descente de club très verticale sur la balle.
Baffy	Terme ancien pour désigner un bois n°4 à tête petite et ronde.
Balle provisoire	Deuxième balle jouée lorsque l'on a peur d'avoir perdu la première.
Banana shot	Coup qui s'incurve généralement de gauche à droite.
Bent grass	Herbe très haute et résistante que l'on trouve généralement sur les links ou les parcours côtiers.
Birdie	Terminer un trou un coup en dessous du par.

Bisque	Formule de jeu avec handicap. Un joueur désigne le trou sur lequel il prend une bisque en réduisant d'un coup son score sur ce trou. Il peut décider de prendre une bisque sur un trou déjà terminé.
Blaster	Terme d'avant-guerre désignant un niblick lourd.
Bogey	Un coup au-dessus du par (voir aussi à double bogey).
Bois	Terme désignant les clubs dont les têtes sont en bois ou en métal, et que l'on utilise pour driver ou pour jouer de longs coups sur le fairway.
Bois métal	Nom actuel donné au driver et au bois de parcours dont les têtes sont en acier inoxydable.
Brassie	Terme utilisé avant la guerre pour désigner le bois n° 2. La semelle de ce club était en laiton.
Bulger	Nom donné à un ancien driver dont la face était convexe.
Bunker	Obstacle profond rempli de sable.
Burma road	Nom donné au parcours «West Course» de Wentworth en raison de son caractère très boisé.
Bye	Trous restant à jouer quand une partie est terminée.

C

Caddie	Accompagnateur du joueur chargé de porter le sac de clubs et de le conseiller sur le parcours.
Calamity jane	Surnom donné au putter utilisé par le légendaire Bobby Jones (USA).
Cannes	Terme non-golfique pour désigner des clubs de golf.

Chip — Petit coup ouvert joué autour du green pour envoyer la balle près du trou.

Classic — Nombre de tournois importants adoptent ce terme pour la dénomination de leur épreuve («Newton Classic» par exemple).

Clean — Sortie de bunker où le joueur n'a pratiquement pas touché le sable.

Cleek — Nom écossais donné aux premiers fers à face très verticale.

Col — Partie supérieure de la tête de club reliée au manche.

Coup de pénalité — Coup ajouté au score pour infraction aux règles.

Coupé — Effet similaire à un slice, la trajectoire de la balle s'incurvant de la gauche vers la droite.

Curtis Cup — Match biannuel entre les amateurs femmes de Grande-Bretagne et des États-Unis.

D

Demi-coup — Tous les coups joués sans effectuer une montée complète.

Divot — Morceau de gazon arraché quand le club passe sous la balle au moment de la frappe. Le joueur doit ensuite le remettre en place pour ne pas abîmer le terrain.

Dog-leg — Trou sur lequel le fairway tourne franchement à droite ou à gauche. Très souvent, si le parcours est boisé, il est impossible de voir le green depuis le départ.

Donner — Donner un putt. Considérer que son adversaire a rentré son putt sans qu'il ait effectivement à le faire.

Dormy — Position d'un joueur par rapport à son adversaire quand, lors d'un match-play, il a autant de trous d'avance ou de retard qu'il lui en reste à jouer.

Double bogey — Deux coups au-dessus du par (voir à bogey).

E

Eagle	Deux coups en dessous du par.
Eau fortuite	Flaque sur le green ou dans un bunker, due à de fortes pluies.
Eclectic	Formule de jeu se déroulant sur plusieurs tours où l'on ne tient compte en final que du meilleur score réalisé sur chaque trou.
Étiquette	Code de bonne conduite du golfeur.
Explosion	Terme employé pour désigner une sortie de bunker où le joueur enlève beaucoup de sable.

F

Face ouverte	Face de club formant un angle ouvert avec le talon du club. Un coup joué face ouverte provoquera un effet slicé.
Fade	Coup délibérément coupé pour incurver la balle à droite.
Fairway	Partie du terrain comprise entre le tee et le green.
Fers	Tous les clubs à lames en acier. Ils sont numérotés de 1 à 10 et comprennent également le pitching wedge et le sand wedge.
Flat	Mot désignant un backswing dont le plan est assez horizontal (en dessous du niveau des épaules).
Flick	Petit coup joué avec les poignets près du green, souvent pour franchir de petits obstacles.
Floater	Ancienne balle datant de la fin du XIXe siècle et du début du XXe qui flottait sur l'eau.
Flop	Coup où l'on prend beaucoup de sable, permettant à la balle de s'arrêter rapidement sur le green.

FOLLOW THROUGH	Partie du mouvement qui suit l'impact de la balle.
FORE	Exclamation anglaise pour prévenir le public ou les joueurs qu'une balle arrive sur eux.
FORE-CADDIE	Terme utilisé autrefois, la plupart du temps sur les parcours publics. Un joueur emploie un fore-caddie sur les parcours vallonnés pour qu'il lui signale où est tombée sa balle.
FREE DROP	Drop sans pénalités accordé dans certaines situations (quand une balle se trouve sur un terrain en réparation par exemple), en accord avec les règles du golf.
FRONT NINE	Expression américaine qui désigne les neuf premiers trous d'un parcours.
FOURSOME	Match entre deux équipes de deux joueurs. Chaque équipier joue alternativement sur la même balle.

G

GIMMIE	En partie amicale, les putts courts de l'adversaire seront donnés (terme américain).
GRATTE	Petit coup raté consistant à frapper le sol avant la balle. Terme désignant une balle en gutta-percha.
GREEN	Partie finale de chaque trou où se trouve le trou proprement dit. Sa surface varie généralement entre 400 et 800 m².
GREEN FEE	Droit de jeu sur un parcours.
GREENSOME	Formule de jeu à quatre balles au cours de laquelle tous les golfeurs jouent leur drive ; chaque équipe choisit ensuite la balle qu'elle préfère et la joue alternativement jusqu'à ce qu'elle soit rentrée dans le trou.
GRIP	Terme désignant la partie haute du manche du club, en cuir ou en caoutchouc, ainsi que le positionnement des mains sur le club.

Grip.

GRIP INTERLOCKING — Grip dans lequel l'index de la main gauche et l'auriculaire de la main droite s'entrecroisent.

GRIP INVERSÉ — Pour un droitier, joueur qui inverse la position de ses mains sur le grip, la main gauche étant placée sous la main droite.

GUTTA — Terme désignant une balle en gutta-percha.

H

HANDICAP — Nombre de coups accordés à un joueur pour ajuster son score à son niveau (un joueur de 24 de handicap, par exemple, doit jouer 24 coups au-dessus du par théorique du parcours pour jouer à son niveau).

HAND NIBLICK — Ancien terme anglais désignant un joueur qui triche dans un bunker. La balle est envoyée à la main avec une poignée de sable.

HONNEUR — Un joueur est à l'honneur quand c'est à lui de frapper la balle en premier au départ d'un trou.

HOOK — Coup qui s'incurve rapidement à gauche pour les droitiers.

HORS-LIMITES — Limites du fairway en dehors desquelles la balle n'est plus en jeu.

HOSEL — Point de fixation du manche sur la tête du club.

I

IMPACT — Instant précis où la tête du club entre en contact avec la balle.

INLAND — Désigne les parcours de golf construits à l'intérieur des terres, en opposition à ceux situés en bord de mer (voir aussi links).

J

Jigger — Ancien fer dont le loft était comparable au fer 3 actuel.

Jungle — Rough épais, arbustes, ajoncs ou terrain très boisé.

K

Kick — Expression utilisée quand la balle, après avoir touché le sol, rebondit n'importe où (avoir un bon ou un mauvais kick).

Kolven — Ancêtre du golf aux Pays-Bas.

L

Lèvre — Bord du trou.

Lie — Position de la balle au sol après qu'elle s'est arrêtée.

Ligne — La meilleure façon et la plus directe d'aller vers le green ou le trou. On emploie l'expression «être dans la bonne ligne».

Links — Nom désignant les parcours en bord de mer.

Lire — Étudier la pente du green avant de jouer son putt.

Listing — Lé de tissu placé sous les grips en cuir.

Loft — Angle d'ouverture de la face du club.

Lofter — Ancien fer muni d'une tête et d'un hosel très allongé, dont le loft était similaire à celui des fers 3 ou 4 actuels.

M

Marqueur — Petit objet plat servant à marquer la position de la balle sur le green.

Mashie — Ancien nom donné à un fer dont le loft était comparable à celui d'un fer 5 actuel.

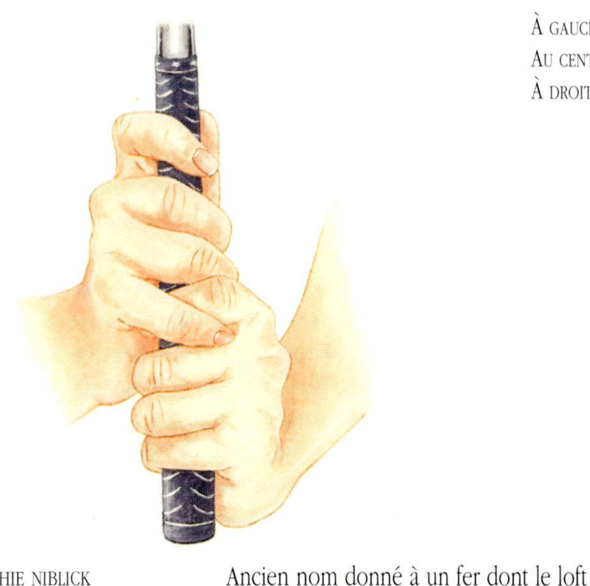

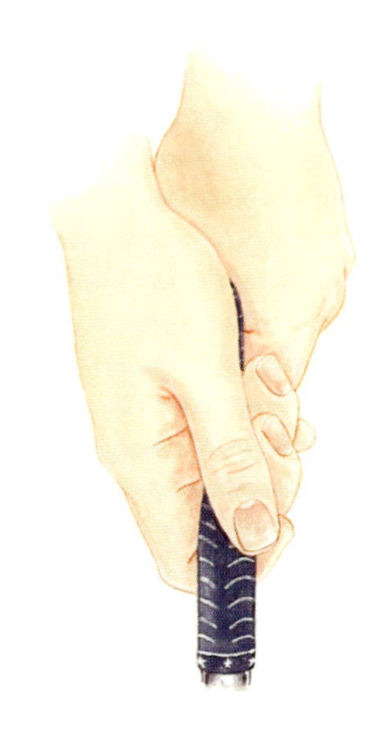

À GAUCHE : *Grip interlocking.*
AU CENTRE : *V inversé.*
À DROITE : *Grip inversé.*

MASHIE NIBLICK — Ancien nom donné à un fer dont le loft était comparable à celui d'un fer 7 actuel.

MEDAL-PLAY — Formule de jeu au cours de laquelle le vainqueur est le joueur qui a bouclé le parcours en réalisant le moins de coups. Également connu sous le nom de stroke-play.

MEILLEURE BALLE — Match amical au cours duquel un joueur joue contre la meilleure balle ou le meilleur score de deux ou trois partenaires.

MULLIGAN — Terme américain utilisé en parties amicales lorsqu'un joueur accorde une deuxième chance à son partenaire lors de son premier coup de départ.

MUSSELBACK — Fer dont la face arrière de la tête a la forme d'une moule.

N

NIBLICK — Ancien nom donné aux fers 8 et 9.

O

OBSTACLES — Obstructions sur le terrain : bunkers, pièces d'eau, ruisseau, etc.

OBSTRUCTIONS AMOVIBLES — Objets non fixés au sol comme les feuilles, les brindilles ou les pierres. Ils peuvent être enlevés à condition de ne pas faire bouger la balle.

OFFSET — Manche de club décalé en avant par rapport à la tête.

OLD COURSE — L'Old Course de Saint Andrews, en Écosse, est le plus célèbre parcours du monde. Il comporte sept doubles greens et quatre greens simples.

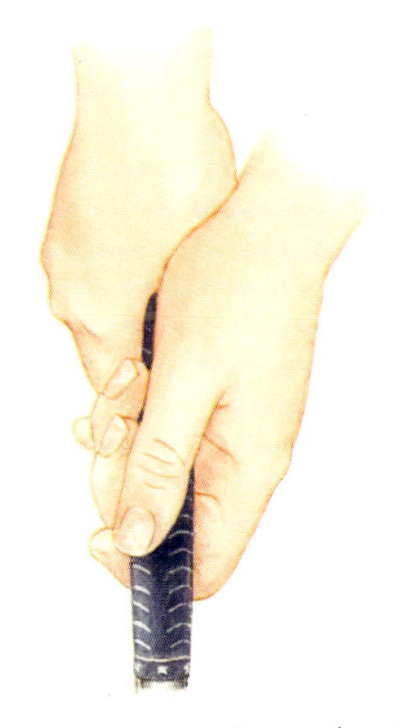

Old Tom — Surnom donné à Tom Morris, joueur professionnel du Royal & Ancient Club de Saint Andrews, dont il était également le greenkeeper.

Omnium — Compétition ouverte aux amateurs et aux professionnels d'un même pays.

Open — Compétition ouverte aux amateurs et aux professionnels de toutes nationalités.

Overlap — Grip où l'index de la main gauche recouvre l'auriculaire de la main droite. Connu également sous le nom de vardon grip.

Overswing — Swing dépassant l'horizontale au sommet de la montée.

P

Par — Score théorique dans lequel doit être joué un parcours, correspondant en général au score réalisé par les joueurs scratch ou professionnels.

Parcours — Terrain sur lequel se pratique le golf, généralement composé de dix-huit trous.

Partager — Deux joueurs partagent un trou quand ils y réalisent le même score.

Persimmon — Bois utilisé pour la fabrication de certaines têtes de clubs.

Piccolo grip — Grip relâché.

Pitch — Petit trou que fait la balle dans le green et qui doit être ensuite égalisé par le joueur.

Pitcher — Club court pour jouer des coups d'approche très hauts.

Play off — Trous supplémentaires joués pour départager les golfeurs se trouvant à égalité à la fin d'une compétition.

PLUGGEE — Se dit d'une balle enfoncée dans un bunker ou dans un terrain mou.

PRACTICE — Aire d'entraînement sur laquelle les joueurs vont taper des balles ou travailler leur swing.

PUTTER — Club utilisé sur les greens pour rentrer la balle dans le trou.

R

RÈGLES LOCALES — Règles spécifiques à un parcours.

ROUGH — Partie du parcours qui borde le fairway de chaque côté. Terrain d'arbres, de hautes herbes et de broussailles d'où il est très difficile de sortir la balle.

ROUND ROBIN — Compétition au cours de laquelle les joueurs se rencontrent à l'intérieur d'une même poule.

ROYAL & ANCIENT — Club de golf situé depuis toujours à Saint Andrews (Écosse) et qui est devenu la référence mondiale du golf.

RYDER CUP — Match biannuel opposant les joueurs professionnels des États-Unis à ceux de l'Europe.

S

SAINT ANDREWS — Petite bourgade d'Écosse, siège du Royal & Ancient Golf Club, où furent écrites les premières règles du jeu (1754). Capitale mondiale du golf.

SAMMY — Ancien fer à manche en bois, permettant de sortir la balle d'obstacles difficiles pour jouer le green, et dont le loft correspondait à celui des fers 3 actuels.

SAND WEDGE — Club à large semelle permettant de sortir des bunkers.

SCORE SCRATCH — Score égal au par d'un parcours.

SCRATCH — Bon joueur amateur à 0 de handicap.

SEMELLE — Base de n'importe quelle tête de club.

SEMI-ROUGH — Partie du terrain comprise entre le fairway et le rough.

SÉRIE COMPLÈTE — Série de clubs comprenant les bois 1 à 4 et les fers 1 à 9.

SLICE — Désigne la trajectoire d'une balle qui part d'abord vers la gauche avant de revenir franchement vers la droite.

SOCKET — Point précis d'un fer où le manche rejoint la tête du club. Désigne également un coup raté dans lequel la balle est frappée par le talon du club.

SPOON — Ancien bois correspondant au bois n° 3 actuel.

SQUARE — Terme désignant deux joueurs à égalité. Il définit également soit la position des pieds, alignés sur la ligne de vol, soit la position de la face de club derrière la balle, perpendiculaire à la ligne de vol.

STABLEFORD — Compétition au cours de laquelle les joueurs reçoivent un certain nombre de points sur chaque trou en fonction du score réalisé.

STANCE — Position des pieds d'un joueur lorsqu'il se met à l'adresse.

STANCE OUVERT — Position des pieds à l'adresse, avec le pied droit placé devant le pied gauche. Le stance fermé désigne la position inverse.

SUDDEN DEATH — Trous supplémentaires joués pour départager des joueurs à égalité.

SWEET SPOT — Centre de la face du club (zone d'impact idéale).

À GAUCHE : *Grip overlap.*
À DROITE : *Piccolo grip.*

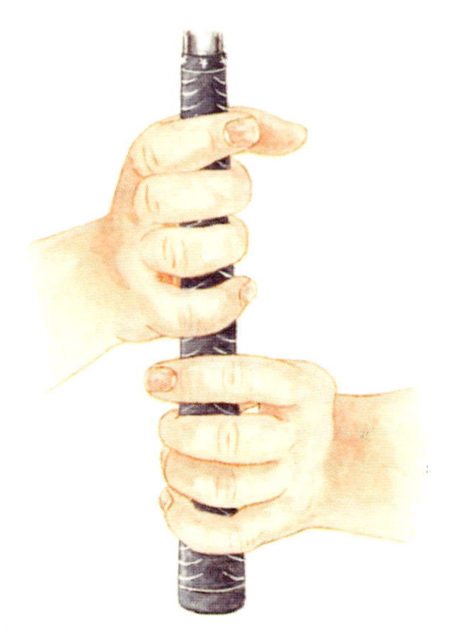

SWING — Mouvement décrit par le club lors de l'exécution d'un coup.

SWING VERTICAL — Swing dont l'arc de cercle dessiné par le club est plus vertical que d'habitude.

SWING WEIGHT — Rapport entre le poids d'un club et sa longueur, à partir du point d'équilibre de ce club.

T

TAKE AWAY — Premier mouvement effectué par le club quand il amorce sa montée.

TEE — Désigne à la fois la pointe de bois ou de plastique servant à surélever la balle au départ de chaque trou, et l'aire de départ elle-même.

TEMPO — Rythme sur lequel est effectué un swing.

TEXAS WEDGE — Terme utilisé aux États-Unis pour désigner le putter lorsqu'on l'utilise en dehors du green.

TIGER TEES — Aires de départ les plus éloignées, utilisées lors de certaines compétitions.

TIMING — Action de frapper la balle avec les mains, les bras et le corps en parfaite coordination.

TOPPÉE — Coup raté lorsque la balle est frappée au-dessus de sa ligne médiane. Elle vole alors au ras du sol.

TOPSIN — Effet donné à la balle, qui la fait rouler sur elle-même dans le sens de son vol. Une fois retombée, elle va ainsi beaucoup plus loin.

TROU AVEUGLE — Se dit d'un trou dont on ne peut voir ni le drapeau ni le green depuis le départ.

V

VALLEY OF SIN — Cuvette formée par le fairway devant le green du trou n° 18 à Saint Andrews.

V INVERSÉ — Grip dans lequel le pouce et l'index de chaque main forment un V inversé.

W

WAGGLE — Petits mouvements décontractants effectués au-dessus ou derrière la balle avant de la frapper.

WALKER CUP — Trophée remis en jeu tous les deux ans et opposant une sélection de joueurs amateurs des îles Britanniques à leurs homologues américains.

WALK OVER — Victoire due au forfait d'un adversaire.

WEDGE — Club utilisé pour les sorties de bunker ou les petites approches lobées.

WIPPE — Se dit d'un manche de club particulièrement souple et qui se tord pendant le swing.

WORLD CUP — Tournoi en stroke-play par équipes de deux, réservé aux professionnels de tous les pays. Anciennement connu sous le nom de Canada Cup.

Z

ZAHARIAS (THE BABE) — Mme G. Zaharias, célèbre pour sa médaille d'or d'athlétisme aux jeux Olympiques de 1931, devint par la suite une grande championne de golf professionnelle dans les années quarante. Entre autres titres majeurs, elle a remporté trois fois l'U.S. Open.

INDEX

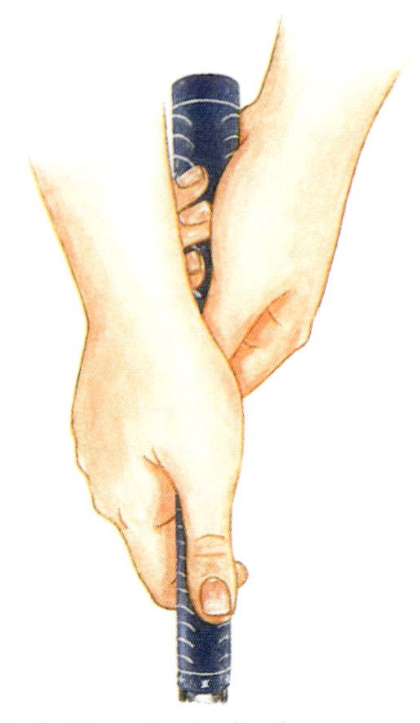

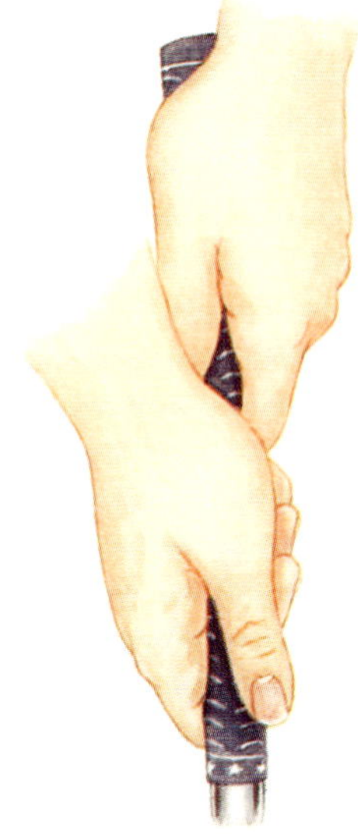

Répertoire

Fédération Française de Golf (F.F.G.)
69, avenue Victor Hugo
75783 Paris Cedex 16
Tél : 44 17 63 00
Fax : 44 17 63 63

2, avenue du Golf
78280 Guyancourt
Tél : 30 12 04 38

Heures d'ouverture :
lundi, mardi, mercredi et jeudi de 9h à 18h,
et vendredi de 9h à 17h.

Coordonnées des ligues régionales

Alsace / Franche-Comté
Président : Daniel Turin
41, route de Grand Charmont

25200 Montbéliard
Tél : 81 94 30 74 / 81 94 46 99
Fax : 81 94 17 61

AQUITAINE
Président : Philippe Martin
1, place Lainé
33075 Bordeaux Cedex
Tél : 56 44 67 22
Fax : 56 81 42 79

AUVERGNE-LIMOUSIN
Président : Michel Duplaix
Golf Club des Volcans
La Bruyère des Moines
63870 Orcines
Tél : 73 62 26 80
Fax : 73 62 26 52

BOURGOGNE
Président : Pierre Donne
Golf public de Chalon-sur-Saône
Parc de sports et loisirs St-Nicolas
71380 Chatenoy-en-Bresse
Tél : 85 48 99 49
Fax : 85 48 93 73

BRETAGNE
Président : Georges Barbaret
Parc des loisirs de Lann-Rohou
Saint-Urbain
29220 Landerneau
Tél : 98 85 20 30
Fax : 98 85 18 75

CENTRE
Président : Gérard Crouzat-Reynes
Golf de Touraine
Château de la Touche-Ballan Miré
37510 Joue les Tours
Tél : 47 67 42 28
Fax : 47 67 68 79

CORSE
Président : Jean Guidi
«Castellarese»
20290 Borgo
Tél : 95 38 33 99
Fax : 95 36 15 63

ILE DE FRANCE
Président : Jean Labatut
2, avenue du Golf
78280 Guyancourt
Tél : 30 64 90 30
Fax : 30 43 85 58

Languedoc-Roussillon
Président : Robert Kusel
32, rue Mallet Stevens
30900 Nîmes
Tél : 66 84 48 37
Fax : 66 38 39 55

Lorraine/Champagne-Ardenne
Président : Paul Levy-Rueff
2, chemin des Vignottes
54690 Lay Saint-Christophe
Tél : 83 22 91 15
Fax : 83 22 67 99

Midi-Pyrénées
Président : Bertrand Arquier
36, rue d'Alsace Lorraine
31000 Toulouse
Tél : 61 23 13 13
Fax : 61 23 46 96

Nord-Pas-de-Calais
Président : Bruno Dufort
94, avenue de Flandre
59290 Wasquehal
Tél : 20 98 96 58
Fax : 20 98 01 89

Normandie
Président : Aldric Voisin
Hameau de Saint-Supplix
76930 Octeville-sur-Mer
Tél : 35 46 56 54
Fax : 35 44 89 81

Paris
Président : Thomas de Kristoffy
Golf de Saint-Germain, route de Poissy
78100 Saint-Germain-en-Laye
Tél : 30 61 29 82
Fax : 30 61 45 69

Pays de la Loire
Président : Henri Rigaud
16, avenue Marcel Rigaud
44500 La Baule
Tél : 40 60 21 14
Fax : 40 60 15 52

Picardie
Président : René Epfel
Rond-Point du Grand Cerf
Lys Chantilly, 60260 Lamorlaye
Tél : 44 21 26 28
Fax : 44 21 26 87

Poitou-Charentes
Présidente : Marie-Hélène Vienne
1, rue du Port
16100 Cognac
Tél : 45 82 82 27
Fax : 45 35 42 09

Provence/Alpes/Côte-d'Azur
Présidente : Anne-Marie Lapaire
Golf d'Aix-Marseille, domaine de Riquetti
13290 Les Milles
Tél : 42 39 86 83
Fax : 42 39 97 48

Rhône-Alpes
Président : André Gontard
7, quai Général Sarrail
69006 Lyon
Tél : 78 24 76 61
Fax : 78 24 82 18

Ligues d'outre-mer

Polynésie
Présidente : Andrée Cuzon
Comité Polynésien de Golf
BP 4202 Papeete - Tahiti
Polynésie Française
Tél : 19 689 57 40 52
Fax : 19 689 48 28 17

La Réunion
Président : José Sery
BP 3
97427 Étang Salé
Tél : 19 262 26 33 39
Fax : 19 262 26 38 40

Les adresses utiles du golf

Association Française des Architectes de Golf (A.F.A.G.)
10, rue du Hazard
78000 Versailles
Tél : 39 53 73 73
Fax : 39 53 39 87

Association des Directeurs de Golf de France (A.D.G.F.)
Golf de Saint-Cloud
60, rue du 19 Janvier
92380 Garches
Tél : 47 01 01 88

Association Française des Personnels d'Entretien des Terrains de Golf (A.G.R.E.F.)
BP 307
64208 Biarritz Cedex
Tél : 59 03 74 04
Fax : 59 03 90 81

Association de la Presse et du Golf (A.P.G.)
102 bis, rue du Château
92100 Boulogne
Tél : 46 04 27 77

Professionnels de Golf Associés
176, rue Jean-Jaurès
92800 Puteaux
Tél : 47 72 78 23
Fax : 42 04 41 06

Association des Seniors Golfeurs de France
60, rue du 19 Janvier
92380 Garches
Tél : 47 41 36 76

Association Française des Internationaux Golfeurs (A.F.I.G.)
27, rue Jeanne d'Arc
76000 Rouen
Tél : 35 71 28 36

France Golf International (F.G.I.)
Maison de la France
8, rue de l'Opéra
75001 Paris
Tél : 42 96 10 23
Fax : 42 86 08 94

The Royal & Ancient Golf Club
Fife, Ky 169 JD Scotland
Tél : 19 44 334 72 112
Fax : 19 44 334 77 580

The United States Golf Association
Golf House
P.O. Box 708 Far Hills
New Jersey 7931 - 0708 U.S.A.
Tél : 19 1 908 234 23 00
Fax : 19 1 908 234 96 87

THE P.G.A. EUROPEAN TOUR
The Wentworth Club
Wentworth Drive, Virginia Water
Surrey - England GU 25 4 LX
Tél : 19 44 344 842 881
Fax : 19 44 344 842 929

THE EUROPEAN GOLF ASSOCIATION
19, place de la Croix Blanche, P.O. Box
1066 Epalinges - Suisse
Tél : 19 41 21 784 35 32
Fax : 19 41 21 784 35 36

THE P.G.A. OF EUROPE
Apollo House, The Belfry, Sutton Coldfield
West Midlands - England B76 9PT
Tél : 19 44 675 470 900
Fax : 19 44 675 470 770

WOMEN PROFESSIONAL GOLFERS' EUROPEAN TOUR (W.P.G.E.T.)
The Tytherington Club, Macclesfield
Cheshire SK10 2JP - England
Tél : 19 44 625 611 444
Fax : 19 44 625 610 406

BOUTIQUES DE GOLF

AMERICAN GOLF
14, rue du Regard
75006 Paris
Tél : 45 49 12 52

CARVEN GOLF
6 Rond-Point des Champs Élysées
75008 Paris
Tél : 42 89 46 06

LE COMPTOIR DU GOLF
22, avenue de la Grande Armée
75017 Paris
Tél : 43 80 15 00

GOLF DISCOUNT
19, rue Jouffroy d'Abbans
75017 Paris
Tél : 47 63 13 26

GOLF PRIME
41, rue Metz
31000 Toulouse
Tél : 61 23 04 73

GOLF PLUS
212, boulevard Pereire
75017 Paris
Tél : 45 74 08 17

78, rue Boissière
75116 Paris
Tél : 40 67 78 00

115, rue de Buzenval
92380 Garches
Tél : 47 95 18 17

LA MAISON DU GOLF
19, rue Fantin-Latour
75116 Paris
Tél : 45 27 34 72

PRO SHOP (THE)
8, rue Gramme
75015 Paris
Tél : 45 30 15 15

SPORTIVEMENT VÔTRE
157, avenue du Général De Gaulle
94500 Champigny-sur-Marne
Tél : 49 83 02 57

WAY GOLF
1, avenue Reine Victoria
64200 Biarritz
Tél : 59 24 61 62

LE SURPLUS DU SPORT
56, boulevard Berthier
75017 Paris
Tél : 42 67 66 27

REMERCIEMENTS
Crédits photographiques :
Photographies intérieures de Chris Allen, Forum Advertising Limited, excepté Allsport et Still Moving Picture Compagny.

ÉQUIPEMENTS
Accessoires modernes fournis par Nina Barough Styling.
Matériel ancien et documents fournis par Alick A. Watt.